LE FABULEUX ROMAN D'UN PAYS

TOME 1

ROCH CARRIER

LE FABULEUX ROMAN D'UN PAYS

LES VIOLENTS, LES FORTS, LES HASARDEUX

TOME 1

Libre Expression

Une société de Québecor Média

Catalogage avant publication de Bibliothèque et Archives nationales du Québec et Bibliothèque et Archives Canada

Carrier, Roch, 1937-

    Le fabuleux roman d'un pays

    L'ouvrage complet comprendra 2 v.
    Sommaire: t. 1. Les violents, les forts, les hasardeux.

    ISBN 978-2-7648-0764-4 (v. 1)

    1. Canada - Histoire. 2. Canada - Découverte et exploration françaises. 3. France - Colonies - Amérique du Nord. I. Titre. II. Titre: Les violents, les forts, les hasardeux.

FC165.C37 2013   971   C2012-942689-X

Édition : André Bastien
Direction littéraire : Marie-Eve Gélinas
Révision linguistique : Céline Bouchard
Correction d'épreuves : Julie Lalancette
Couverture : Chantal Boyer
Grille graphique intérieure : Chantal Boyer
Mise en pages : Hamid Aittouares
Photo de l'auteur : Sarah Scott

Remerciements
Nous reconnaissons l'aide financière du gouvernement du Canada par l'entremise du Fonds du livre du Canada pour nos activités d'édition.
Nous remercions le Conseil des Arts du Canada et la Société de développement des entreprises culturelles du Québec (SODEC) du soutien accordé à notre programme de publication.
Gouvernement du Québec – Programme de crédit d'impôt pour l'édition de livres – gestion SODEC.

Les Éditions Libre Expression
Groupe Librex inc.
Une société de Québecor Média
La Tourelle
1055, boul. René-Lévesque Est
Bureau 800
Montréal (Québec) H2L 4S5
Tél. : 514 849-5259
Téléc. : 514 849-1388
www.edlibreexpression.com

Dépôt légal – Bibliothèque et Archives nationales du Québec et Bibliothèque et Archives Canada, 2013

ISBN : 978-2-7648-0764-4

Distribution au Canada
Messageries ADP
2315, rue de la Province
Longueuil (Québec) J4G 1G4
Tél. : 450 640-1234
Sans frais : 1 800 771-3022
www.messageries-adp.com

Diffusion hors Canada
Interforum
Immeuble Paryseine
3, allée de la Seine
F-94854 Ivry-sur-Seine Cedex
Tél. : 33 (0) 1 49 59 10 10
www.interforum.fr

« Je suis un fils déchu de race surhumaine,
Race de violents, de forts, de hasardeux… »
ALFRED DES ROCHERS

« Je demande à chaque lecteur
de me pardonner pour avoir osé écrire…
comme un oiseau jacasseur ou un juge incompétent. »
ENNIUS
L'Histoire des Bretons (vers 850)

L'histoire du Canada commence-t-elle il y a vingt-huit mille ans, avec la lente immigration de tribus d'Asie centrale qui ont dépecé des mammouths et abandonné leurs os dans des grottes de Bluefish, au Yukon ? Commence-t-elle plutôt avec les navigateurs venus d'Europe à cette même époque en longeant les glaciers qui alors recouvraient le nord de l'Atlantique ? Commence-t-elle avec l'arrivée des chasseurs de Sibérie, qui, il y a quelque quinze mille ans, ont suivi un corridor ouvert par la baisse des eaux causée par la glaciation, à l'endroit, aujourd'hui, du détroit de Béring ? Commence-t-elle avec ces tribus qui se sont établies, il y a plus de huit mille ans, le long des côtes de la Colombie-Britannique ?

Dans un texte qui lui est généralement attribué, *De merveilles inouïes*, le philosophe grec Aristote raconte que les Carthaginois se sont « jetés au travers de la mer Athlantique » (autour de l'année 500 avant Jésus-Christ). Après avoir traversé le détroit de Gibraltar, ils ont navigué « long temps », puis ont découvert une grande île fertile couverte de forêts et arrosée de grandes rivières. Tant de Carthaginois émigrèrent sur cette île que défense leur fut faite, sous peine de mort, d'aller s'établir sur l'île enchantée. Rêvons un peu. Était-ce Terre-Neuve ?

L'histoire du Canada commence-t-elle en l'an 1000 de notre ère avec Leif l'Heureux, fils d'Erik le Rouge ? En route vers le Groenland, son voilier, saisi par une tempête, est propulsé à travers l'Atlantique jusqu'à une terre, Vinland, où poussent le

9

blé, la vigne, le maïs, les érables. Rentré dans son pays, il décrit ce qu'il a vu. Le printemps suivant, son frère Thorsten veut voir ces terres inconnues, mais les vents déportent son voilier vers l'Irlande, où il meurt durant l'hiver. Gudrid, sa veuve, persuade son nouveau mari, Thorfinn Karlsefni, de terminer l'aventure entreprise par son défunt époux. Gudrid, Thorfinn et cent soixante Vikings partent sur deux bateaux à la recherche du Vinland. Des semaines plus tard, ils aperçoivent un immense rocher plat et de grandes montagnes de glace. C'est le Helluland visité par Leif l'Heureux. Cette terre n'ayant pas une « bonne qualité », ils repartent vers le sud. Deux jours plus tard, ils abordent une berge couverte de forêts où vivent des bêtes sauvages. C'est le Markland. Remettant les voiles, ils longent de longues plages sablonneuses. Finalement, Thorfinn et Gudrid ont devant les yeux un pays couvert de vignes. Est-ce Terre-Neuve ? Puis surgissent les « Skraelings » dans leurs canots manœuvrés par un seul homme. Sont-ils des Inuits ? Des Algonquiens ? Armés d'une pierre cousue dans une poche de cuir attachée à un bâton, les Skraelings chassent les intrus.

Dans une lettre écrite en espagnol que reçoit Christoforo Colombo (Christophe Colomb) en 1498, John Day, un marchand anglais, raconte que des navigateurs anglais de Bristol, dont Thomas Croft, à la recherche d'une île appelée Brésil, ont plutôt abouti, en 1481, à la baie de la Trinité (Terre-Neuve), où ils ont aperçu des « Indiens Rouges ». L'histoire du Canada commence-t-elle alors avant le passage à Terre-Neuve, en 1497, de Giovanni Caboto (Jean Cabot) ? En 1497, prenant possession de Terre-Neuve au nom d'Henri VII d'Angleterre, l'explorateur vénitien plante des étendards royaux. Depuis Édouard III, qui réclamait la couronne de France, les rois d'Angleterre incorporent à leurs armoiries celles des rois de France ; c'est ainsi que la fleur de lys apparaît à Terre-Neuve.

Les Portugais fréquentent aussi ces parages. Si, le long de la côte du Labrador, Gaspar Corte Real s'étonne, en 1500, de ces eaux chargées de glaces, de cette côte couverte de grandes forêts où coulent plusieurs fleuves, il est surtout impressionné par la souplesse, la force, l'endurance des indigènes. Convaincu qu'ils pourraient devenir « les meilleurs esclaves découverts jusqu'à ce jour », il retourne dans son pays avec une soixantaine de captifs qu'il vend avec un profit séduisant. João Álvares Fagundes fonde une colonie au cap Breton, mais ses gens sont bientôt repoussés par les indigènes. En 1501, Henri VII d'Angleterre accorde à une compagnie de marchands anglais et à leurs deux associés portugais une « patente » leur cédant le monopole du commerce à Terre-Neuve pour les quarante années suivantes.

Dans le brouillard de ces temps anciens se profilent les silhouettes de quelques navigateurs. Jehan Denis, de Honfleur, et Thomas Aubert, de Dieppe, en 1506 et 1508, s'avancent dans le golfe du Saint-Laurent. Ils ramènent en France quelques Sauvages et des relevés cartographiques. En 1527, John Rut, au service d'Henri VIII d'Angleterre, scrute la côte du Labrador à la recherche d'un passage vers le nord-ouest. Il décrit au roi, dans une lettre du 3 août 1527, les menaçantes montagnes de glace qui défilent vers lui. Quand il mouille dans une anse de la baie de Placentia, à Terre-Neuve, il n'est pas seul : treize navires de pêche y sont ancrés. Onze sont venus de Normandie, un de Bretagne et un autre du Portugal.

L'histoire du Canada commence-t-elle avec les pêcheurs d'Europe qui, chaque été, viennent aux Grands Bancs de Terre-Neuve ? Des documents juridiques et des formulaires de taxes datés des années 1530 établissent que des Basques, pêcheurs de morues et chasseurs de baleines, apparaissent en juin de cette année-là dans les eaux du Canada, que certains remontent aussi loin qu'au Petit Mécatina, une langue de granit qui se prolonge dans la mer à près de mille kilomètres au nord-est de la ville actuelle de Québec. Bretons, Normands et Basques depuis fort longtemps viennent, comme le dit Samuel de Champlain, en des « voyages ordinaires » dans les eaux du « gran Ban » et des « terres neuves », pour pêcher la morue dont ils nourrissent « presque toute l'Europe ». Cent cinquante jours par année, les catholiques sont tenus de s'abstenir de manger de la viande, le poisson leur est donc indispensable.

L'histoire du Canada commence-t-elle en 1534, quand l'explorateur Jacques Cartier débarque à Gaspé ? Deux ans plus tôt, la Bretagne a été annexée à la France, en réponse à « l'humble supplication [...] de nostres chers et bien aimez es gens des trois Estats du dit pays et duché [...] par laquelle nous requeroient l'union d'icelui et duché avecque la couronne de France », dit le roi de France, qui a soigneusement architecturé cette annexion. Jacques Cartier est-il breton, est-il français quand il s'avance dans cette contrée où les habitants sont, comme il l'écrit, « proches des bêtes sauvages » ?

1

La France éblouie par le Brésil

Au début de mai 1493, deux semaines après le retour de Christophe Colomb en Espagne, le pape Alexandre VI confirme la souveraineté de l'Espagne sur les terres nouvelles que le navigateur a abordées. Dans sa bulle *Inter Caetera*, Sa Sainteté trace une ligne du nord au sud qui partage ces territoires entre l'Espagne et le Portugal, leur assignant une mission commune : la conversion des païens qui vivent dans ces pays. D'origine espagnole, le pape prévient les autres nations : « Nous défendons à tous autres, sous peine d'excommunication, de s'y rendre et d'y faire commerce sans Notre permission. » Par la magie papale, les Espagnols et les Portugais sont gratifiés d'un extraordinaire monopole. L'année suivante, signant le traité de Tordesillas, les souverains d'Espagne et du Portugal, sous l'œil bienveillant du pape, s'entendent pour modifier la ligne de division du Nouveau Monde : tout territoire découvert au-delà de deux cent soixante-dix lieues à l'ouest des Açores appartiendra à l'Espagne et tout territoire découvert à l'est des Açores sera attribué au Portugal. Six ans plus tard, le 22 avril 1500, le bâtiment de Pedro Álvarez Cabral, entraîné par de forts courants, aborde un rivage inconnu que le navigateur portugais nomme « Terra de Vera Cruz ». Le Brésil sera une terre portugaise.

Le pape Alexandre VI n'a accordé à la France aucune portion du Nouveau Monde. Pourtant, un navire normand s'avance, en 1504, dans la baie de Bahia, au Brésil, et s'engage dans la rivière Pagnaraçu. C'est l'*Espoir* du capitaine Binot Paulmier de

Gonneville. Ses hommes et lui vivent pendant six mois parmi les pacifiques Carijós. Rentrant en France, Gonneville emmène le fils du chef en promettant de le lui ramener dans vingt lunes. Quelque raison empêche le capitaine de retourner au Brésil. Pour consoler l'adolescent de quinze ans, il lui offre une femme. Elle donnera à Essomeric dix-huit enfants. Il s'éteindra à l'âge de quatre-vingt-douze ans.

D'autres vaisseaux de France et de Bretagne s'amènent au Brésil. Les matelots traitent avec les indigènes sur les berges de la rivière où Gonneville s'était arrêté. Les colons français aménagent des comptoirs, construisent des entrepôts, des habitations que protègent des palanques. Jean III, le roi du Portugal, ayant décrété que tous ces postes devaient être éradiqués, ses troupes rasent les établissements et coulent les vaisseaux. Des arquebusiers, parfois, s'amusent à tirer sur les têtes effarées de leurs prisonniers qu'ils ont enterrés jusqu'au cou. D'autres malheureux, livrés à des indigènes en fête, sont dépecés, bouillis et dévorés. En dépit de ces châtiments, des caravelles bretonnes et normandes continuent d'accoster au Brésil. Ayant souffert d'énormes pertes, les armateurs normands et bretons chargent Jean Ango de les venger. Le corsaire normand est fameux pour ses pillages à Terre-Neuve, à Sumatra et aux Indes.

Pendant que Jean Ango prépare sa mission punitive au Brésil, François Ier tente d'obtenir de Jean III un dédommagement pour les pertes encourues dans ces terres. Jean III, de son côté, exige de François Ier la restitution du butin saisi par les corsaires français. En 1523, des espions portugais découvrent, dans un port de Normandie, que les frères Giovanni et Girolamo da Verrazano, des Florentins, appareillent quatre vaisseaux qui partiront vers des royaumes encore inconnus des Portugais. Giovanni est navigateur, Girolamo est cartographe. Leur voyage est financé par Jean Ango et ses associés.

La flotte des Verrazano, devant Madère, en janvier 1524, oblique vers la Floride. De là, elle remonte les côtes de l'Amérique sur une distance de quatre mille cinq cents kilomètres.

Les navigateurs aperçoivent la rivière Angoulême (Hudson), le lieu où plus tard s'élèvera New York, ils traversent la baie de Narragansett et montent vers la terre qui deviendra la Nouvelle-Écosse. Après cette première expédition, les Verrazano, qui cherchaient un passage vers le Cathay (la Chine), ont peu de résultats à présenter. Pourtant, des armateurs français ne refusent pas d'accorder leur patronage à leur deuxième expédition, qui ne s'avère pas un triomphe non plus. En 1526, cherchant à atteindre les Moluques, ils perdent un navire dans l'océan Indien. Sur le chemin du retour, faisant escale au Brésil, ils remplissent leurs deux autres vaisseaux de *pau brasil* – du brésillet, un bois très dur dont on peut aussi tirer une teinture rouge. La vente de ce produit, en France, non seulement couvre les dépenses encourues, mais donne en plus des bénéfices aux armateurs de Dieppe.

À la fin de 1527, Jean Ango et ses associés commanditent un troisième voyage des Verrazano. Leur flotte comptera cinq navires. Leur mission est d'établir une base au Brésil, mais Giovanni da Verrazano est dévoré par des anthropophages. Son frère, Girolamo, s'empresse de rentrer en France, non sans avoir rempli de brésillet la cale de ses vaisseaux. Ce voyage rapporte encore des profits aux investisseurs français, qui demandent à Girolamo, en 1529, de retourner au Brésil. Il en reviendra avec deux cents tonneaux de brésillet. Ce pays semble de plus en plus intéressant aux yeux des armateurs français.

Les côtes du Brésil étant sans fin, les Français pourraient y construire des établissements sans être importunés par les patrouilles portugaises. François Iᵉʳ donne son approbation au projet d'une première colonie française au Brésil.

Les Portugais y ont déjà construit des forts sur le littoral, et une forte présence militaire protège les colons. Ces établissements soutiennent les réseaux de traite. Les Français s'inspireront de leur stratégie. Installés dans des établissements fortifiés, ils ouvriront des comptoirs commerciaux fixes. Dans les colonies, les truchements apprennent les langues locales, recueillent des renseignements sur les alliés, les ennemis, les mines, les plantes, le bois, les marchandises indigènes. Ils sont des agents de commerce indispensables, mais ils sont aussi insouciants, bohèmes et agioteurs, et leur loyauté est bien aléatoire. Les Français implanteront plutôt dans leurs établissements une population de colons stable qui fera des alliances avec les Sauvages et vivra en harmonie avec eux.

En décembre 1530, *La Pèlerine* quitte Marseille sous le commandement de Jean Duperet ; elle porte cent vingt soldats et quelques nobles aventuriers. Avec ses dix-huit canons de bronze, des piques, des lances, des lance-flammes et des projectiles explosifs, le vaisseau est bien armé, car le roi du Portugal, Jean III, a ordonné à ses vaisseaux de saborder tout navire français. Aussi chargée de meubles et d'outils pour construire, pour cultiver la terre, *La Pèlerine* jette l'ancre trois mois plus tard devant la rive de Pernambuco. Une bande de Sauvages et six Portugais se ruent sur les Français qui débarquent. Duperet parvient à leur proposer un compromis : contre gages, les Portugais et les indigènes aideront les Français à bâtir un fort. L'offre est acceptée. Ce sera le fort Alexis (près de Recife).

Quelques mois plus tard, Duperet rentre en France pour rassurer ses investisseurs. Les cales de *La Pèlerine* regorgent de marchandises qui se vendront rapidement en France. Mais il n'a pas prévu suffisamment de vivres pour son équipage. Non loin de Malaga, en Espagne, une dizaine de vaisseaux portugais s'approchent. Le capitaine des Français est invité à bord de l'un d'eux. Dans une immense naïveté, Duperet confie à ses hôtes qu'on manque de nourriture sur *La Pèlerine*. Les Portugais, très généreusement, y transbordent trente quintaux de biscuits et invitent Duperet à continuer avec eux jusqu'à Malaga. Ils ne tardent pas à s'emparer de *La Pèlerine* un peu plus loin.

Les Portugais savent maintenant que les Français ont construit le fort Alexis en terre portugaise. Jean III ordonne de « se rendre en toute hâte audit fort, pour le détruire, y saisir les marchandises et massacrer les hommes de la garnison ». En décembre 1531, une flotte portugaise prend position devant ce poste. Pendant dix-huit jours, ses canons crachent le feu. Les Français ne peuvent plus résister. Les deux commandants ennemis scellent leur accord sur les conditions de reddition en jurant sur une hostie consacrée. Dès qu'ils ont pris possession du fort, les Portugais pendent le commandant de La Motte ainsi que vingt de ses hommes. Puis, sans oublier de donner aux Tupininquins, qui les ont assistés durant le siège, deux Français à dévorer, ils dispersent les survivants sur leur territoire.

2

La croix de Jacques Cartier

En novembre 1532, l'Espagnol Francisco Pizarro capture l'empereur inca du Pérou, Atahualpa, de qui il exige une chambre remplie d'or en échange de sa liberté. Le Pérou lui en fournira beaucoup plus. À Cuzco, les murs des temples sont tapissés d'or. Il y a des icônes, des statuettes, des couteaux et des vases cérémoniels en or pur. Sur les terrasses du Temple du Soleil, les plantes d'un jardin sont modelées dans l'or et l'argent. Les orfèvres incas ont créé des centaines de milliers d'objets pour les prêtres et les nobles : masques funéraires, casques embossés, flûtes, urnes, coupes, vases, bouteilles et ornements pour le nez, les oreilles, la poitrine, le pénis... Des galions transfèrent en Espagne l'or des Incas fondu en lingots. Et de hardis voyageurs européens partent vers le Nouveau Monde où, dit-on, les cailloux sont en or...

François Ier, qui n'a jamais accepté que la France très chrétienne ait été exclue du partage de la Terre, réussit à obtenir une nouvelle interprétation de la bulle papale de 1493. Le pape Clément VII décrète en 1533 que la bulle d'Alexandre VI s'appliquait aux terres alors connues mais non pas à celles qui seraient découvertes par la suite. Dans ces circonstances favorables, le navigateur Jacques Cartier soumet à l'Amiral de France le projet de continuer l'exploration commencée par les frères Verrazano. François Ier, qui vient de faire la paix avec Charles Quint, soutiendra le marin dans l'exploration de ces terres où se trouvent « grant quantité d'or et autres riches choses ».

Jacques Cartier quitte donc Saint-Malo le 20 avril 1534. Chacun de ses soixante et un hommes, répartis sur deux navires, a prêté serment « de se bien et loyalement comporter au service du roi ». À peine vingt jours plus tard, la pointe avancée du cap de Bonne-Viste, à Terre-Neuve, est en vue. Ce cap et les anses de la côte ne sont pas étrangers à Cartier, puisqu'il a déjà navigué dans ces eaux.

Dans le détroit de Belle Isle, entre Terre-Neuve et le Labrador, la marée devient plus puissante. Serait-ce déjà le « passaige » qu'il cherche vers l'Orient ? Les centaines d'îles et d'îlots égrenés le long du rivage, les promontoires abrupts de Terre-Neuve, ses fjords, ses îles rocailleuses, les terres plates du Labrador, rongées par de petites baies aux longs bras de terre s'étirant dans la mer, la végétation rabougrie, c'est « la terre que Dieu donna à Cayn ». Des indigènes chassent le phoque… Cartier laisse descendre un de ses matelots qui veut se joindre à eux. Bientôt une autre mer, croit le navigateur, s'ouvre devant lui (c'est le golfe du Saint-Laurent). Au loin s'approche un navire. Il est français, venu de La Rochelle. Son capitaine est égaré. Cartier l'aide à s'orienter. Avant de se séparer, les deux capitaines et leurs équipages descendent sur la rive pour planter une croix au nom de François Ier. Reprenant son voyage, Cartier baptise de noms français les pointes, caps, anses et îles qui dentellent la rive nord du golfe. Il remarque des îles au sud-ouest (les îles de la Madeleine). Trois jours plus tard, le 29 juin, il note la « grande chaleur » sur une autre terre (l'île du Prince-Édouard). Le 2 juillet, à la proue se profile le littoral de ce qui sera l'Acadie, le Nouveau-Brunswick. Il pénètre dans une anse (celle de Chatham). La rivière Miramichi n'est pas ce « passaige » qu'il cherche. Cartier pousse donc vers le nord. Le roi pour qui il explore ces terres ne peut imaginer leur immensité ! Le Maloin accoste dans une baie qu'il nommera la baie des Chaleurs. Des Micmacs s'approchent. Après leur avoir offert des présents, les Français, par signes, mimiques, esquisses tracées dans le sable, tentent de leur soutirer quelque information sur le « passaige » vers l'Orient. Cartier, durant cinq jours, fouille les anses de la baie, qui sont toutes fermées. Puis une tempête pousse ses navires vers la baie de Gaspé où, comme chaque été, les Iroquoiens sont descendus de Stadaconé (Québec) pour faire la traite avec les pêcheurs venus de l'autre côté du Grand Lac, comme ils disent.

Bretons, Normands, Basques, Espagnols, Portugais, ces pêcheurs qui sont à quatre mille huit cents kilomètres de leurs ports d'attache remontent même jusqu'à ce qui sera l'île aux Basques (devant le futur Trois-Pistoles), ce fleuve que certains appellent « cañada ». En langue ibérique, ce mot signifie « rivière profonde », « chenal ». Dans la langue des Iroquoiens, ce même mot signifie « village de cabanes ». Les pêcheurs descendent sur les côtes pour radouber les vaisseaux, saler le poisson, le faire sécher et le fumer, pour extraire l'huile des marsoins, des baleines ou des phoques qu'ils ont pris. L'huile servira, en Europe, à éclairer les maisons, à lubrifier les rouages des machines et des automates.

Sur le rivage de la baie des Chaleurs, Cartier distribue des présents aux Iroquoiens qui l'invitent, avec ses hommes, à partager la sagamité dans un grand chaudron sur le feu. C'est un ragoût fait de morceaux de viande de gibier longtemps bouillis avec du maïs dans de la graisse. Le capitaine leur offre également du vin. Ses hommes font bonne chère. Les Iroquoiens se livrent à une danse déchaînée. Le 24 juillet, les marins de Jacques Cartier équarrissent deux troncs d'arbres dont ils font une croix haute de plus de neuf mètres. Ils y clouent un écusson orné de trois fleurs de lys et une plaque en bois qui proclame : « Vive le Roy de France ! » Cartier la fait planter dans la terre dont, au nom de François Ier, il prend possession.

Dans un grand canot qui s'approche lentement s'amène, accompagné de son frère et de ses deux fils, Donnacona, le chef iroquoien qui entreprend une impétueuse harangue, gesticulant et indiquant la croix. Cartier les invite à bord de son vaisseau, leur fait des offrandes. Des Iroquoiens et des matelots qui ont l'habitude de traiter à cet endroit connaissent quelques mots de la langue de ces étrangers. À la fin, l'équipage habille les deux fils du chef à la façon des Français : chemise, livrée, colliers de laiton, bonnet rouge. Cartier convainc Donnacona de laisser partir avec lui ses garçons, Domagaya et Taignoagny ; il les présentera, promet-il, à son grand chef. Donnacona accepte.

Le brouillard qui annonce l'automne voile à Cartier, entre les futurs Gaspé et île d'Anticosti, l'embouchure du fleuve (Saint-Laurent). Cartier s'engage plutôt à l'est, vers Anticosti. Il contourne les terres basses au sud de l'île, couvertes d'épinettes blanches et de bouleaux, il remonte vers le Labrador, rencontre une douzaine de Montagnais en canots devant Natashquan, puis enfile le détroit de Belle Isle. Cartier et ses hommes arrivent à Saint-Malo le 5 septembre 1534.

Il se présente aussitôt à François Ier pour lui annoncer qu'il a, en son nom, pris possession de vastes domaines, puis il lui présente les deux fils de Donnacona.

Dans la nuit du 17 au 18 octobre 1534 sont apposées sur les murs de Paris et d'Ambroise, et même sur la porte de la chambre de François Ier, des affiches dénonçant « les horribles, grands et insupportables abus de la messe papiste, inventée directement contre la sainte Cène de Notre Seigneur ». François Ier, jusque-là sympathique aux humanistes, avait toléré la pensée luthérienne. Désormais, il soutiendra de tout son pouvoir sa foi catholique. Le 13 novembre 1534, il fait brûler un hérétique sur le bûcher. Le 13 janvier 1535, il publie un édit contre les écrits séditieux. Huit jours plus tard, six autres réformés sont brûlés sur la place publique. Le théologien réformateur Jean Calvin juge que le temps est venu de fuir la France.

3

Dieu est-Il descendu sur Terre ?

François Ier encourage Jacques Cartier à repartir à la recherche de terres nouvelles et du « passaige » vers l'Orient. Pour cette entreprise, le capitaine disposera de trois navires et de cent dix hommes. Départ : le 19 mai 1535. Les vents contraires s'acharnent durant quelques semaines et dispersent les trois bâtiments. La *Grande Hermine* de Cartier est poussée vers une île à quatorze lieues de Terre-Neuve : les oiseaux y sont si nombreux que ses hommes en remplissent deux barques pour leurs « victuailles ». Les bateaux de Cartier ne sont pas réunis avant le 26 juillet, à Blanc-Sablon. Cartier longe la rive. Entre Natashquan et Anticosti, Domagaya et Taignoagny, les fils de Donnacona qui, durant leur séjour de neuf mois chez les Français, ont appris un peu leur langage, expliquent au navigateur que ses vaisseaux sont maintenant sur « le chemin & commencement du grant Silenne de Hochelaga & chemin de Canada ». Selon les deux frères, cette « aue doulce [...] va si loing que jamais homme n'aurait esté jusques au bout ». C'est le « passaige » vers l'Orient, déduit Cartier. Remontant le grand fleuve, il rencontre à tribord une rivière « fort profonde », le Saguenay. Les mines d'or foisonnent en ce pays, l'assurent les fils du chef iroquoien. Le 6 septembre, Cartier croise ce qu'il baptisera « l'isle aux Coudres ». Le 7, il atteint le « coummencement de la terre et provynce de Canada », un archipel qui compte au moins quinze îles. Sur la plus grande (l'île d'Orléans) vit la nation iroquoienne à laquelle appartiennent les deux frères. Le 14 septembre, les trois navires de Cartier jettent l'ancre un peu à l'écart, dans la rivière Sainte-Croix (Saint-Charles), non loin du cap de Stadaconé. Donnacona, « Seigneur de Canada », accompagné de ses gens dans onze canots, accueille Cartier, ses compagnons, Domagaya et Taignoagny, et les conduit sur la grande île, où la vigne est si belle que Cartier lui donne le nom de Bacchus.

Cartier, convaincu qu'il est entré dans le « passaige » vers l'Orient, envisage de poursuivre sa route. Domagaya et Taignoagny tentent de l'en dissuader. Leur père, Donnacona, craint-il que les Français fassent alliance avec les Iroquoiens d'Hochelaga ? Avant de partir, Cartier invite ses hôtes à bord de ses navires. Quelques centaines se présentent. Le capitaine leur distribue des brimborions. Donnacona lui fait présent d'une fillette de dix ans et de deux garçons plus jeunes. Cartier lui explique qu'il ne peut accepter les trois enfants. Ce refus s'avère une insulte. Les invités grognent, s'agitent. Cartier fait tonner ses canons. Tout s'apaise, mais Taignoagny accuse le capitaine d'avoir tué deux de leurs frères. Pour ne pas avoir l'air d'être coupable et de tenter de s'enfuir, Cartier retarde son départ.

Le 18 septembre, un canot s'approche de l'*Émérillon*, portant trois Sauvages masqués « en guise de diables » avec des « cornes aussi longues que le bras », « vestus de peaux de chiens noirs & blancs » et le visage aussi noir que du charbon. Le diable du milieu, très agité, déclame un long discours. Puis la barque retourne sur la rive, avec les diables qui s'éclipsent dans le bois. Sont-ils des sorciers venus jeter un mauvais sort aux Français ?

Peu de temps après, Domagaya et Taignoagny apparaissent, les mains jointes, scandant : « Jésus !... Marie ! » « Qu'y a-t-il ? » leur demande Cartier. Leur dieu Cudragny a parlé, expliquent-ils, et les trois diables sont venus annoncer de « piteuses nouvelles » : il y aura « tant de glaces & de neiges qu'ils mouroient tous » s'ils vont à Hochelaga. Cartier répond que Jésus, le Dieu des Français, « les garderoit bien du froid ». Cartier a-t-il parlé à Jésus ? « Non, répond le capitaine, mais le prêtre lui a parlé et Jésus a promis du beau temps aux Français. » Les deux frères retournent dans la forêt d'où, bientôt, surgissent une horde d'Iroquoiens qui viennent danser et crier devant les vaisseaux. Domagaya et Taignoagny font alors savoir à Cartier que leur père ne leur permet pas de l'accompagner à Hochelaga.

Sans interprète, laissant derrière lui deux navires et leur équipage, Cartier ordonne le départ de l'*Émérillon*. Le 19 septembre 1535, il s'arrête devant un village (qui sera Portneuf) pour en visiter le chef qui, en retour de présents, lui offre une fillette de huit ans et un garçon de trois ans. Cette fois, Cartier accepte la fillette mais refuse le garçon, qui est trop jeune.

Naviguant sans perdre « heure ni jour », Cartier voit beaucoup de « maisons » sur les rives du grand fleuve. Il s'émerveille de ces « meilleures terres qu'il soit possible de veoir », des chênes, des ormes et des noyers, et de « tant de vignes chargées de raisins », moins délicieux cependant que ceux de France. Les oiseaux abondent : cygnes, grues, outardes, oies, « cannes », faisans, perdrix, alouettes. Jamais le capitaine n'a vu tant de poissons, de baleines, de marsouins, de chevaux de mer. Jamais, non plus, dans ses navigations, il n'avait aperçu cet étrange « *adhothuys* », gros comme un marsouin, blanc comme neige, avec un corps et une tête de lévrier.

Le fleuve s'élargit pour former un lac. Le 28 septembre, ayant traversé le futur lac Saint-Pierre, Cartier y laisse, sous bonne garde, l'*Émérillon*. Évitant d'exposer aux obstacles que cache le fleuve ce galion armé pour la guerre et le transport de cargaisons précieuses, il continue en barque avec quatre gentilshommes et « 28 mariniers ». Sur une île, des chasseurs indigènes, spontanément, s'approchent des Français comme « s'ils nous eussent vues toute leur vie ». L'un d'eux, « grand & fort », prend le capitaine dans ses bras et le porte sur la berge comme un enfant. Les chasseurs ont attrapé un monceau de « raz (rats) sauvaiges » gros comme des lapins et qui sont « bons à merveilles ». Hochelaga n'est plus qu'à trois jours.

Après avoir franchi un rapide causé par une grande rivière (le Richelieu) qui se jette dans le grand fleuve, Jacques Cartier arrive à Hochelaga le 2 octobre 1535. Plus d'un millier d'indigènes accueillent les Français, exprimant une « grande joye de nostre venue », raconte le capitaine. Ils jettent dans la barque « force poissons », des « victuailles », du « pain faict de gros mil ». Quand il descend à terre, on lui amène les enfants pour qu'il les touche. Aux femmes, Cartier distribue des chapelets et « autres menues choses » ; aux hommes, il donne des couteaux. Chez les sauvages, la fête dure toute la nuit autour des feux. Le capitaine est discret sur le comportement des gentilshommes et des rudes mariniers avec les libres sauvagesses.

Le lendemain, guidés par trois Iroquoiens, Cartier, dans son uniforme de cérémonie, quelques gentilshommes et vingt mariniers « en ordre » visitent la « demeure du peuple » d'Hochelaga. Le long du chemin en terre battue, le sol est fertile. Pour labourer, les Sauvages utilisent une pièce de bois « de la grandeur d'une demi-épée ». Les champs débordent d'un maïs que Cartier compare au « mil du Brésil ».

Hochelaga, « toute ronde », est enclose dans une palissade de bois d'une hauteur de « deux lances ». Les billes sont « couchez de long », « bien joinctz ». En plusieurs endroits de l'enceinte sont fixées des « galleries » où sont empilés des cailloux à lancer contre les attaquants. Introduits dans l'enceinte par la seule porte, le capitaine et ses compagnons sont guidés vers une place où les accueillent des filles et des femmes aux bras chargés d'enfants « pleurant de joie de nous veoir » ; elles touchent le visage des Français, les bras « et autres endroictz de dessus le corps ». Avec des signes insistants, Agouhanna (« le chef ») demande à Cartier de lui frotter les jambes et les bras. Après ce rituel, il lui offre sa couronne en poils de « hérisson ». Puis, comme si « Dieu fust là descendu pour les guérir », on amène au capitaine les vieillards, les malades, les aveugles, les borgnes, les boiteux, les impotents. Cartier leur lit l'Évangile de saint Jean, sème des signes de croix sur les malades. Il prie Dieu de faire à « ce povre peuple » la faveur de « nostre saincte foy ». Ensuite, il distribue des hachettes, de « menus besongnes », des médailles bénies par le pape. Les femmes attendent les Français avec des poissons et des « potaiges » faits de maïs, de fèves, de « grosses concombres » (courges) et autres légumes. Cette nourriture n'étant pas à son goût, Cartier leur fait comprendre que lui et ses compagnons n'ont pas faim…

L'explorateur a dénombré dans Hochelaga cinquante maisons longues d'environ cinquante pas et larges de douze à quinze pas, construites de bois et couvertes de « pelures des dit boys », les écorces. Au milieu des maisons, un espace est réservé pour le feu autour duquel vivent les occupants. La nuit, hommes, femmes et enfants dorment sur des écorces répandues au sol, sous des « peaux de bestes sauvaiges ». L'étage supérieur de la maison constitue un grenier pour le maïs. Cartier comprend-il que le maïs est un isolant qui garde le froid de l'hiver au dehors de la maison et la chaleur à l'intérieur ? Le poisson, séché à la fumée de bois, est conservé dans des paniers d'écorce pour la saison froide. Le capitaine remarque que, contrairement aux victuailles habituelles qu'il mange sur les navires, leur nourriture n'a aucun goût de sel.

Hommes et femmes guident Cartier vers la montagne « jacente (qui gît) en leur dite ville », [...] « labourée et fort fertile ». Au sommet, « on voit fort loing » : à trente lieues à la ronde, s'émerveille-t-il. « Nous nommasmes icelle montagne le mont Royal. » Entre des « rangées » de montagnes au nord et au sud s'étale « la terre la plus belle qu'il est possible de voir », traversée par ce grand fleuve qui s'étire à l'ouest.

Le capitaine questionne ses guides. Privé d'interprète, il déduit de leurs gestes, de leurs dessins sur le sol qu'il y a, sur le fleuve, trois saults à franchir et que, du côté des montagnes, au nord, coule une grande rivière. L'un de ses guides saisit alors le poignard qu'un matelot porte à sa ceinture, indique du doigt le manche de laiton jaune. Cartier traduit son geste : il y a de l'or en amont de cette grande rivière… Serait-ce le Royaume des mines d'or que lui ont mentionné les fils de Donnacona dans le pays de la grande rivière Saguenay ? Ses guides, avec des gestes frénétiques, lui décrivent les hommes méchants, vêtus d'armures de bois, qui vivent dans ce pays…

Le temps est venu de quitter Hochelaga. Marchant le long du fleuve, les indigènes suivent les barques des Français aussi loin qu'ils le peuvent.

Ces Iroquoiens ne sont pas des « ambulataires », des nomades ; ils se dédient à l'agriculture et à la pêche. Cartier a saisi qu'ils considèrent comme leurs sujets les « Canadiens » de Stadaconé et huit ou neuf autres peuples qui vivent sur les côtes du grand fleuve. Ils n'ont pas d'or, pas d'argent ; « l'Esurgny » (porcelaine), qui est « blanc comme neif » (neige), est leur « plus precieuse chose ». Ils emploient « l'Esurgny » comme les Français utilisent l'or et l'argent. Ils le trouvent dans le fleuve. Quand un homme a mérité la mort, quand un ennemi a été pris à la guerre, ils le tuent puis ils incisent son corps « à grandes taillades » aux fesses, aux cuisses, aux épaules ; ensuite ils le plongent au fond de l'eau en ce lieu où est l'Esurgny ; ils l'y laissent reposer une douzaine d'heures puis le retirent. Dans les incisions est venu se loger « l'Esurgny », ou, comme le dit Cartier, des « carnibots », ou cornets de mer. De ces coquillages blancs, ils font des colliers. D'autres tribus les utilisent dans les rassades qui décorent leurs vêtements. Les « carnibots » ont en plus la propriété d'étancher le sang dans les « nazilles » (narines).

Quand, le 11 octobre 1535, l'*Émérillon* revient à Stadaconé, les hommes que Cartier y avait laissés derrière lui ont érigé une palissade autour des deux vaisseaux dont ils avaient la garde. L'artillerie est pointée. Ses hommes, qui ont ressenti le besoin de se protéger ainsi, informent le capitaine des sentiments d'inamitié perçus chez Donnacona, de l'hostilité manifestée par ses Sauvages et des intrigues tramées par Domagaya et Taignoagny.

4

Neige, miracle, croix et pépites d'or

Donnacona offre pourtant une fête à Jacques Cartier. Le capitaine s'y rend, à une lieue de ses navires, avec ses gentilshommes et cinquante compagnons. Malgré les chants, les danses, il sent que la joie de ses hôtes est feinte. Donnacona l'invite dans sa demeure. Cartier aperçoit, étendues «comme des peaux de parchemin», les «peaux de cinq têtes d'hommes». Ces têtes sont celles de Trudamans, des ennemis, au sud, qui font une guerre continuelle à son peuple.

Même si Cartier ne se sent plus en territoire ami, il passera l'hiver 1535-1536 à la rivière Sainte-Croix (Saint-Charles). Il fait ajouter des «pans de boys» à la palissade qu'ont construite ses hommes, et autour il fait creuser des fossés. Durant la nuit, des sentinelles font le guet. Les Iroquoiens s'approchent «en doulceur & amityé», mais parfois il se produit «quelques differendz avec aucun mauvais garçons». Taignoagny et Domagaya demandent pourquoi le capitaine ne va pas les visiter «à Canada». Est-il fâché? Tout en leur reprochant d'être «traitres & meschants» parce qu'ils ont refusé de l'accompagner à Hochelaga, Cartier les invite à monter à bord.

Au fil des jours, dans l'inconfort de cette situation ébouriffée, Cartier observe ces païens: ils croient qu'à leur mort ils monteront parmi les étoiles puis redescendront dans des plaines plantées d'arbres, de fleurs, de fruits. Cartier s'emploie à leur démontrer que Cudragny, leur Dieu, n'est qu'un mauvais esprit car il n'y a qu'un seul vrai Dieu. Pour le connaître, il faut être baptisé. Ceux qui ne le sont pas iront en enfer, les prévient-il. Soudain, le peuple entier de Stadaconé réclame le baptême ! Les indigènes de Stadaconé, comme ceux d'Hochelaga, vivent en communauté de biens ; en cela ils sont semblables aux « Brisilians », précise Cartier. Les hommes ne font point de « grand travail ». Ils fument une herbe cueillie par les femmes durant l'été. Elle est d'abord séchée au soleil, ensuite ils en font une poudre qu'ils déposent dans un cornet. Après y avoir mis le feu avec un charbon, ils sucent l'autre bout du cornet et « s'emplissent le corps de fumée » qui leur sort par la bouche et les narines. Les femmes triment « sans comparaison plus que les hommes » aux pêcheries, aux labours, à la culture du maïs, des courges, des melons, des concombres, des haricots. Les hommes prennent en mariage deux ou trois femmes. Devenues veuves, les femmes portent le deuil le reste de leur vie, le visage couvert d'un masque de graisse noircie de charbon. Les jeunes filles, lorsqu'elles parviennent à l'âge « d'aller à l'homme », sont placées dans un « bordeau » plein de filles, « comme une eschole de garsons en France », où elles sont « habandonnées » à tout le monde « qui en veult » jusqu'à ce qu'elles aient trouvé leur « party ».

Cartier ne cesse de rêver qu'il existe un « passaige » par l'ouest qui mène aux terres de l'est où se trouvent les épices et autres richesses. Donnacona lui parle du Saguenay où il y a « force villes & peuples », où l'on trouve de l'or et du cuivre. Au-delà du Saguenay s'étendent trois grands lacs, puis une mer d'eau douce dont personne n'a jamais atteint la fin. Le vieux seigneur Agouhanna, à Hochelaga, lui a raconté avoir vu de ses yeux, au pays du Saguenay, des habitants blancs comme les Français, vêtus comme eux de drap de laine, il y a vu « infini or, rubis & aultres richesses ». Agouhanna lui a parlé aussi d'un autre pays qu'il a visité, où les habitants ne mangent pas. N'ayant pas à digérer, ils n'ont « point de fondement », satisfaits de faire « seulement eaue par la verge ». Agouhanna a vu le pays des Picquemyans unijambistes… On lui a même parlé d'une rivière, quelque part, qui mène à un pays qui n'est jamais couvert de neige. On y récolte des amandes, des pommes, des oranges.

En décembre 1535, quand s'imposent le froid, la neige, les tempêtes et la glace, une épidémie ravage Stadaconé. Une rumeur rapporte qu'il y a eu une cinquantaine de morts. Pour éviter la contamination, Cartier interdit aux « Canadians », les Iroquoiens, de s'approcher du fort. Malgré cette précaution, plusieurs de ses hommes, derrière la palissade, maigrissent soudainement, puis leurs jambes deviennent enflées, noires, leurs gencives pourrissent et leurs dents tombent. C'est le scorbut. En février 1536, sur ses cent dix hommes, il ne lui en reste pas dix qui soient « sains ». Huit de ses compagnons sont morts, cinquante autres sont si affectés qu'il n'espère plus rien pour eux. Il demande à son équipage de prier devant une image de la Vierge accrochée à un arbre, et le missionnaire récite psaumes et litanies. S'il obtient la guérison de ses hommes, Cartier promet de faire un pèlerinage à la chapelle Notre-Dame-de-Rocamadour, à Camaret, au sud de la rade de Brest. Après la mort d'un jeune matelot de vingt-deux ans, le chirurgien-barbier ouvre le corps et trouve un cœur blanc ; les poumons et le sang sont noirs. À l'intérieur de la cuisse noire, la chair est blanche. Cartier n'a plus trois hommes qui soient assez forts pour descendre sous le tillac pour chercher à boire. Les morts sont ensevelis dans la neige, personne n'ayant assez de forces pour creuser la terre gelée. Cartier doit masquer à Donnacona, à ses fils et aux « gens du pays » la vulnérabilité des Français. À ceux de ses hommes qui sont encore capables de se déplacer, Cartier demande de faire semblant de travailler à quelque chose.

Le fleuve, glacé, est recouvert d'un mètre de neige. À l'intérieur des navires, une couche de glace de plus de dix centimètres recouvre les parois. Cartier a perdu vingt-cinq compagnons. Ruminant son malheur lors d'une promenade à l'extérieur de la palissade, il aperçoit Domagaya. Le capitaine est surpris : dix jours auparavant, le fils du chef était très malade, et le voici guéri. Quel a été son remède ? Avec prudence, rusé, Cartier se plaint que quelques-uns de ses hommes ne lui semblent pas en aussi bonne santé que d'habitude. Domagaya envoie deux femmes chercher ce qui l'a guéri : des rameaux de cèdre blanc. Quand on fait bouillir l'écorce et les « feuilles », il en sort un jus que l'on boit et une boue que l'on étend sur les endroits infectés. Cette recette accomplit un « vray et evident miracle ».

Vers la fin de l'hiver, Donnacona, Taignoagny et plusieurs « seigneurs » de Stadaconé partent à la chasse au cerf. Deux mois passent… La glace fond. On ne voit pas revenir les chasseurs. Cartier s'inquiète. Seraient-ils allés chercher « un grand nombre de gens » pour repousser les Français ? Ses munitions sont réduites, ses provisions sont à sec, il n'a plus de vin. Il n'a plus de présents à donner. Ayant déjà perçu la grande « necessitez de vivres » chez les Français, les indigènes s'amènent avec des poissons, des cerfs, des daims qu'ils vendent « fort cher ».

Le 21 avril, Domagaya vient annoncer à Cartier le retour de son père, qui l'invite chez lui. Méfiant, le capitaine délègue à sa place un de ses compagnons et son serviteur, qui constatent la présence d'une imposante quantité de guerriers. Taignoagny raccompagne les deux hommes et fait une requête à Cartier : emmènerait-il avec lui, en France, le seigneur Agouhanna, qui a « fait déplaisir » à Donnacona ? Cartier comprend alors pourquoi Donnacona est allé recruter des alliés : Agouhanna, le chef des Iroquoiens d'Hochelaga, aspire à usurper son pouvoir. Cartier promet diplomatiquement à Taignoagny de prendre Agouhanna avec lui…

Le 3 mai 1536, Cartier fait planter une croix de dix mètres et demi, écussonnée d'une plaque de métal aux armes de la France et portant sur un panneau de bois une inscription latine qui se traduit ainsi : « François Ier, roi des Français, règne par la grâce de Dieu. » En grand apparat, hommes, femmes et enfants s'amènent, bruyants, le corps peint. Cartier sort de la palissade pour prier Donnacona et ses fils de venir « boyre & manger » à bord de son navire. Soupçonnant un piège, Taignoagny conseille à son père de ne pas entrer dans le fort. Cartier se dirige vers le chef. À son approche, les femmes s'enfuient : Taignoagny les a prévenues des mauvaises intentions des Français. Se voyant entouré de guerriers « en grand nombre », Cartier craint d'être enlevé. Il crie à ses hommes de s'emparer du chef et de ses fils. À la vue des trois hommes captifs, les Iroquoiens déguerpissent dans la forêt. La nuit venue, ils reviennent devant les navires, hurlant comme des loups. Les Français leur répondent que les prisonniers seront « tuez et pendus ».

Le lendemain, vers midi, une « barquée » d'Iroquoiens reviennent réclamer les leurs. Cartier les invite à s'approcher. Donnacona lui-même, « fort joyeulx », leur explique que le capitaine l'emmènera de l'autre côté du Grand Lac où le Grand Roi veut écouter leur chef raconter ce qu'il a vu dans les pays qu'il a traversés. Jaillissent alors vers le ciel de « merveilleux crys de joye » !

Le peuple de Stadaconé revient en masse aux navires. Quatre femmes apportent à leur chef maïs, viande, poisson. Donnacona s'adresse une dernière fois à ses gens, les rassure encore : il reviendra avec de nombreux présents. Des dignitaires offrent à Cartier vingt-quatre colliers d'Esurgny.

Le capitaine appareille le 6 mai 1536. En raison de l'épidémie de scorbut, il ne lui reste plus assez de matelots pour équiper la *Petite Hermine*, il est donc forcé de la laisser derrière lui. Les eaux « trop courantes & dangereuses » du printemps le forcent à accoster à l'isle aux Coudres, où tout à coup surgissent plusieurs canots d'Iroquoiens venus du Saguenay pour reprendre leur chef aux Français qui l'ont enlevé. Donnacona les rassure : il est bien traité par le capitaine et il sera de retour dans dix ou douze lunes. « Contents », les gens du Saguenay repartent avec des hachettes que Cartier leur a données.

Après avoir mouillé l'ancre durant quelques jours à Port aux Basques (Terre-Neuve), où plusieurs navires français sont venus faire la pêche, Cartier, le 4 juin, met le cap sur la France. En route, il croise deux navires anglais : sir Hore et ses hommes voguent à la découverte des terres du Nord-Ouest. Ils seront d'ailleurs piégés par les glaces. L'équipage, désespéré, se laissera flotter parmi les icebergs. Tout à coup apparaîtra un navire battant pavillon français. Les matelots affamés de Hore s'en empareront et retourneront en Angleterre, où les matelots français se plaindront des mauvais traitements subis. Henri VIII les indemnisera.

Rentré à Saint-Malo le 16 juillet 1536, Cartier se rend à Paris faire son rapport à François Ier. En son nom, il a pris possession d'immenses pays : il en décrit la richesse des terres, la densité des forêts, la beauté des rivières qui les arrosent ; il s'émerveille de ce fleuve long de huit cents lieues qui doit être le « passaige » recherché. Comme preuve des alliances conclues avec les Sauvages, qui ont un grand désir d'être baptisés, il présente Donnacona au roi. Le chef a déjà été soumis aux questions du père André Thevet, qui consigne tous les renseignements qu'il peut recueillir auprès des voyageurs à leur retour des contrées lointaines. Le chef des Iroquoiens de Stadaconé parle au roi des mines d'or et d'argent, des épices magiques, des hommes qui volent d'arbre en arbre avec des ailes comme celles des chauvessouris. Quand Jacques Cartier exhibe à François Ier de grosses pépites d'or qu'il a rapportées du Canada, le roi, extatique, lui fait cadeau de la *Grande Hermine*.

5

Le Canada est une terre espagnole

Un mois avant le retour de Cartier en France, en juillet 1536, François Ier était entré en guerre contre Charles Quint d'Espagne, après avoir conclu une alliance avec les Allemands luthériens, et même avec les Turcs musulmans. En riposte, Charles Quint avait envahi deux provinces françaises, la Picardie et la Provence. Le pape Paul III s'évertuait pour sa part à maintenir l'unité des chrétiens. Au lieu de guerroyer entre eux, les souverains chrétiens ne devraient-ils pas s'unir contre les musulmans et repousser leur avance sur l'Europe ? Il convainc Charles Quint et François Ier de se rencontrer pendant quatre jours dans l'enceinte d'Aigues-Mortes, au sud de la France. Apaisés, ils signent la trêve de Nice le 18 juin 1538, deux ans après la déclaration de guerre.

La paix revenue, Jacques Cartier propose à François Ier le projet d'une nouvelle expédition au Canada. Le roi prend conseil – un pilote portugais qui a navigué au Nouveau Monde lui explique et commente, durant de longues soirées, des cartes géographiques et marines.

François Ier prend une décision : Cartier poursuivra son exploration. Cependant, le 15 janvier 1540, le roi désigne Jean-François de La Roque de Roberval comme « Seigneur de Norembègue (côte sud de la Nouvelle-Écosse), vice-roi et lieutenant-général en Canada, Hochelaga, Saguenay, Terre-Neuve, Belle Isle, Carpont, Labrador, la Grande Baie et Baccalaos ». Roberval sera le « chef, ducteur, cappitaine » de « ladite entreprise, expedicion et armée ». Ses lettres patentes définissent sa mission : « faire chose agréable à Dieu, [...] en procurant [...] l'augmentation de notre Mère, la Sainte Église catholique ». Jacques Cartier et tous les membres de l'expédition devront « foy et serment » au sieur de Roberval.

La Roque de Roberval est un ami d'enfance de François Ier. Sa famille a donné à la France des officiers militaires et des ambassadeurs. Roberval a été écuyer d'écurie à la cour royale. Portant les armes, il a été blessé aux côtés de François Ier en combattant les Suisses à Marignan. À la bataille de Pavie, contre l'Autriche, il a été fait prisonnier avec le roi. Comme beaucoup de membres de la petite noblesse, Roberval, pour bien paraître, a dû accumuler de fortes dettes. Les paysans à qui il loue les terres de son domaine sont souvent dans l'incapacité de lui verser leurs faibles redevances. Officier du roi, sa solde est insuffisante, et les paiements en sont irréguliers car les guerres ont vidé les coffres du royaume. L'héritage familial de Roberval a été rongé par la dévaluation des devises qu'a causée l'or déversé en Europe par les armateurs espagnols à leur retour du Nouveau Monde. Le roi a accordé une faveur à son ami : au Canada, La Roque de Roberval trouvera l'occasion de redresser sa fortune. Ayant observé au Languedoc l'exploitation de gîtes minéraux, ses connaissances en ce domaine lui seront utiles.

Les colons ne se bousculent pas pour s'embarquer sur les caravelles du sieur de Roberval. Le Canada est si loin, couvert de glaces ; on y meurt de froid, on y crève de faim… François Ier ordonne aux officiers de justice « de délivrer, sans aucun délai, le nombre de malfaiteurs que notre dict lieutenant ou ses commis voudront choisir pour mener aux dits pays ». Roberval est même autorisé à choisir « les criminels condamnés à mort » qu'il jugera aptes à son entreprise, pourvu qu'ils ne soient pas coupables de lèse-majesté (divine ou humaine), ni d'avoir fabriqué de la fausse monnaie. Il incombera à ces futurs colons de défrayer eux-mêmes le coût de leur trajet entre la prison et le port d'embarquement. Ils devront aussi pourvoir à leur propre subsistance durant leurs deux premières années dans la colonie.

Le 17 octobre 1540, François Ier remet à Jacques Cartier une commission pour une exploration du « Canada, Ochelaga et jusques en la terre de Saguenay ». Le « maître-pilote » sera accompagné de cinquante colons sachant travailler la terre recrutés à Rouen, Caen, Blois, Tours et en Anjou, puis dans le Maine et à Paris. Il prendra aussi des sujets de « toutes qualitez, artz, industrie », de même que cinquante sujets sortis de leur prison. À la même date, le roi remet à Roberval et à Cartier sa contribution de quarante-cinq mille livres. Informé de cette entreprise, Charles Quint propose au roi du Portugal de former une flotte qui pourchassera les navires français et « en jetter[a] les équipages à la mer jusqu'au dernier homme ».

François Ier répond : « Je voudrais bien que le pape me fasse voir le testament d'Adam qui exclut ses descendants français du partage de son héritage. » En d'autres termes, le Nouveau Monde s'offre aussi à la France. Dans sa bulle *Sublime Deus*, en 1537, le pape Paul III, infaillible, a promulgué que les Sauvages ont une âme. Déjà heureux que l'Espagne et le Portugal se dédient à évangéliser les peuples sauvages d'Amérique, Sa Sainteté est ravie d'apprendre, par l'intermédiaire du nonce apostolique à Paris, Girolam Dandido, que le 2 novembre 1540 le roi de France François Ier s'est, lui aussi, engagé à convertir à la foi catholique les païens du Nouveau Monde. Cette promesse lui obtient une « indulgence » pour « un certain Breton envoyé en expédition avec quelques vaisseaux aux mers glaciales », où il a trouvé, dit-on, « certaines îles neuves ». Si le roi de France proclame ouvertement vouloir évangéliser les Sauvages, son rêve secret est que ses vaisseaux rapportent de ces terres autant d'or et de diamants que les galions de Charles Quint.

Dans l'accord conclu à Nice, en juin 1538, François Ier et Charles Quint ont convenu que, durant une trêve de dix ans, l'un ne convoiterait pas les territoires de l'autre. Afin d'apaiser les craintes de Charles Quint, François Ier lui fait parvenir une copie de la commission de Roberval, à qui il a demandé de ne « point prendre possession d'une région soumise à l'obédience de ses amis et frères, l'Empereur d'Espagne et le Roi du Portugal ».

Tant de bonnes intentions paraissent suspectes à Charles Quint, car les Français ne cessent de harceler colonies et navires espagnols. L'année précédente, en 1539 donc, des corsaires français ont pillé deux bourgs sur la côte nord d'Hispaniola et un autre à Cuba. Cette année, sur les côtes d'Hispaniola, au cap Tiburon, un navire anglais dont le pilote était français s'est emparé d'un bâtiment espagnol chargé de sucre et de cuir. Soupçonneux, Charles Quint délègue un espion à Saint-Malo.

Jacques Cartier se prépare pour une expédition de deux ans. Le chargement de ses navires s'accomplit méthodiquement : artillerie, armes, munitions, outils, provisions, bétail. Sur les navires de Roberval, les retards s'accumulent. Les provisions n'arrivent pas. Durant des mois, il attend ses canons. Le recrutement des colons semble impossible. À une excursion au Canada, les forçats préfèrent le fouet des geôliers. Déjà exaspéré par tous ces retards, François Ier devient furieux quand l'ambassadeur d'Angleterre lui transmet une protestation d'Henri VIII à l'effet que Roberval joue au corsaire sur la côte bretonne. Au lieu de préparer son voyage, Roberval pourchasse et rançonne les navires, même s'ils sont français. En colère, le roi menace de le faire pendre !

Jacques Cartier est enfin prêt à appareiller. Obéissant au roi qui le presse, Roberval l'autorise à entreprendre sa traversée. Le 23 mai 1541 s'embarquent dans ses cinq navires quelques gentilshommes, quelques missionnaires, cent vingt matelots, quarante « harquebuziers », trente charpentiers de marine, dix maîtres maçons, douze couvreurs, deux maréchaux, un serrurier, un forgeron, un barbier, un apothicaire, un lapidaire, un cordier, un chaussetier, des vignerons et des laboureurs. En tout, quelque mille cinq cents personnes, y compris des femmes. Partent aussi pour le Nouveau Monde vingt chevaux, vingt vaches, quatre taureaux, cent chèvres, cent moutons et dix porcs.

L'espion de Charles Quint n'est pas sans remarquer que, pour ce voyage, les Français disposent d'une artillerie considérable : des arquebuses, des arbalètes, mille piques et hallebardes, des « rondelles » (boucliers). L'empereur demande conseil au cardinal de Tolède : Cartier naviguera, lui explique-t-il, vers des terres qui s'étendent à sept cent cinquante lieues de Terre-Neuve. Charles Quint estime que ces terres sont situées dans le territoire qui lui a été attribué par le pape, il réclame donc la propriété du Canada. Le 26 juin 1541, le cardinal de Tolède lui répond que ces régions froides sont improductives et que le sol du Canada est stérile. Charles Quint, qui n'en est pas tout à fait convaincu, dépêche deux caravelles pour rattraper la flotte de Cartier. L'une aboutit à Puerto Rico, l'autre à Terre-Neuve, que Cartier a depuis longtemps dépassée.

6

Diamants et menaces

Cartier jette l'ancre dans la rivière Sainte-Croix le 23 août 1541. La mer a été orageuse. Il a perdu de vue trois de ses navires, qu'il a retrouvés plus tard à Terre-Neuve. L'eau potable a manqué. Comme les autres voyageurs, porcs, chèvres et moutons ont dû se contenter du cidre normand. À Stadaconé, les Iroquoiens accueillent avec joie le capitaine français qu'ils n'ont pas vu depuis cinq ans.

Durant son absence prolongée, Donnacona a été remplacé par Agouhanna qui, à la vue de Cartier, retire sa couronne de cuir pour la poser sur la tête du navigateur, qui la lui remet. Mais où est Donnacona ? Il devait revenir après dix ou douze lunes. Cartier répond que le corps de leur chef repose dans la terre de France. Qu'il avait été baptisé et est donc mort « chrétien ». Où sont leurs neuf autres frères que Cartier avait emmenés avec lui de l'autre côté du Grand Lac ? Ils ont été malades ; ils sont tous morts, excepté une jeune fille. Incapable de dire la vérité, Cartier répond : ils sont devenus de grands seigneurs en France et ne reviendront pas en Canada.

Dès le lendemain, 24 août 1541, Cartier remonte le Saint-Laurent sur une distance de quatre lieues, jusqu'à l'embouchure d'une rivière, à l'ouest d'un cap (Cap Rouge) où il remarque la présence de cèdres blancs, l'arbre qui guérit le scorbut. Il décide d'abandonner le site de Sainte-Croix. Ses navires viennent mouiller à cet endroit qu'il nomme Charlesbourg Royal. Aussitôt, Cartier entreprend la construction d'un fort. Un second fort lui semble aussi indispensable au sommet du cap : il ne tient plus pour acquise l'amitié de ses voisins. À peine une semaine après son arrivée, il dépêche deux navires en France pour rapporter au roi « ce qu'il avoit et fait et trouvé ».

Qu'a-t-il fait ? Ses matelots ont à peine eu le temps de décharger les navires. Qu'a-t-il trouvé ? Des diamants qui jonchent le sol, proclame-t-il. Pourquoi envoie-t-il deux navires, deux équipages à travers l'Atlantique ? N'a-t-il pas besoin de bras pour construire, cultiver ? Il veut être sûr qu'au moins l'un des deux navires arrive à bon port. Ses émissaires apportent au roi une lettre qui réclame la flotte du sieur de Roberval. L'attitude des Iroquoiens le forcerait-elle à demander des renforts ? Pour inciter le roi à être sensible à sa demande, Cartier décrit les terres fertiles, les panais, les navets, les arbrisseaux à fruits, la forêt, mais surtout les richesses qui abondent : une carrière de pierres, des diamants, une mine de fer. On a même trouvé, annonce-t-il, des feuilles d'or « épaisses comme l'ongle ».

Le 7 septembre, accompagné de gentilshommes et de matelots dans deux barques bien fournies d'armes et de provisions, Cartier remonte le Saint-Laurent. Il veut explorer les saults et rapides qui, lui a-t-on dit, bloquent la navigation sur le fleuve au-delà d'Hochelaga. À Achelay (Portneuf), Cartier s'arrête visiter le chef du village. À son passage précédent, le chef lui avait donné une fillette de huit ans que le capitaine avait emmenée en France. Cette fois, l'explorateur confie au chef deux adolescents français pour qu'ils apprennent sa langue.

Les Iroquoiens d'Hochelaga ne viennent pas cette fois accueillir Cartier, qui, contrarié, décide de ne pas rendre visite au chef et de continuer plutôt jusqu'aux premiers rapides, ceux de ce qui sera plus tard Lachine. Ils lui semblent infranchissables. Le capitaine n'ira pas plus avant.

Sur le chemin du retour, il s'arrête une fois de plus à Achelay. On lui dit que le chef est à Stadaconé, où sont rassemblées plusieurs tribus. Revenu à Charlesbourg Royal, Cartier est prévenu que les Iroquoiens évitent les Français. Il ordonne d'accélérer la construction des forts.

Durant l'hiver 1541-1542, Charlesbourg Royal est tenu en état de siège. De nouveau, les Français souffrent du scorbut, mais ils en connaissent maintenant le remède. Quand ils tentent de s'éloigner de leurs forts, les Iroquoiens les agressent et font au moins trente-cinq victimes. Cartier interrompt ici son récit. Quels événements a-t-il transformés en silence ?

7

Qui veut écouter les histoires de Jacques Cartier ?

À La Rochelle, les trois vaisseaux du sieur de Roberval lèvent enfin les voiles le 16 avril 1542. Deux cents nouveaux colons choisis dans les prisons du royaume viennent peupler et renforcer la population du Canada. Pendant ce temps, à Charlesbourg Royal, n'espérant plus les secours de Roberval, Jacques Cartier s'est résolu à rentrer en France. À la fin de juin 1542, à leur plus grand étonnement, le capitaine et ses passagers, au port de Saint-Jean, à Terre-Neuve, aperçoivent la flottille de Roberval. Malaise. Salutations. Conversation sur les vents, les courants. Roberval, lieutenant du roi, demande à Cartier pourquoi il a quitté son poste sans son autorisation. Il lui intime l'ordre de rebrousser chemin. Roberval a fait analyser les échantillons d'or que Cartier avait expédiés en France. L'or est véritable, ont jugé les connaisseurs, aussi pur que celui que les conquistadors espagnols ont trouvé dans les montagnes au sud de Lima, au Pérou.

Cartier et ses gens s'évadent à la faveur de la nuit. Pourquoi Jacques Cartier, les artisans, le chirurgien et l'apothicaire abandonnent-ils un pays où il y a de l'or, du cuivre, de l'argent, des diamants, des arbres fruitiers, des vignes, des oiseaux, du poisson et du gibier ?

Vexé par cette rébellion, Roberval remonte le Saint-Laurent. Son maître-pilote, Jean Fontenaud dit Jean Alfonse, suit les cartes qu'a esquissées Cartier. Dès l'âge de douze ans, Alfonse faisait du cabotage entre les ports d'Espagne et du Portugal. Il a navigué sur la mer Baltique, sur la Méditerranée, le long des côtes africaines, sur la mer Rouge, il s'est même rendu au Japon. Il connaît les côtes de l'Amérique, de la Nouvelle-Écosse aux Antilles.

Arrivé à Charlesbourg Royal abandonné par Cartier, Roberval donne un nouveau nom à l'établissement : France-Roy. Avant son départ, Cartier avait incendié les bâtiments. S'efforçant d'imposer une discipline à ses anciens détenus, Roberval entreprend la construction d'un fort et de cabanes. Chacun doit travailler, autrement on est privé de boire et de manger. Impitoyable, il fait donner le fouet à qui le mérite, homme ou femme. Quelqu'un a-t-il commis un vol ? Roberval l'exile sur un îlot avoisinant, fers aux chevilles. Six individus fomentent une révolte. Roberval les fait pendre ; leurs corps demeurent exposés au bout de leur corde.

Avant que l'hiver ne s'abatte sur le pays, il envoie soixante-dix hommes explorer ce fantastique Saguenay, rêvant qu'ils en reviendront avec leurs barques chargées d'or. L'une d'elles sombre avec ses rameurs. Ceux qui reviennent n'ont aperçu ni or ni argent. Il faut maintenant traverser l'hiver. Le scorbut décime les colons, insuffisamment alimentés et qui souffrent du froid dans leurs logements inappropriés.

Au printemps 1543, les colons en sont réduits à mendier de la nourriture aux Iroquoiens. Après une attente qui a semblé éternelle, des navires français s'amènent avec des provisions. Ils apportent aussi un ordre de François Ier : Roberval est rappelé au pays. Comme la tension religieuse est grande en France, entre les réformés et les catholiques, il est inapproprié que Roberval, un calviniste, soit chargé par François Ier, le roi très catholique, de « répandre la sainte foi catholique ».

Sur la voie du retour, à la fin de l'été, après avoir franchi le détroit de Belle Isle, au nord de Terre-Neuve, Roberval permet à son maître-pilote de chercher le « passaige » du nord-ouest vers la Chine. Jean Alfonse suit la côte nord du golfe du Saint-Laurent, s'avance entre Terre-Neuve et la grande terre du « Brador », au cinquante-deuxième degré de latitude nord, et se rend jusqu'au détroit de Davis pour atteindre la mer de Baffin.

À leur retour du Canada, ni Cartier ni Roberval ne reçoit l'attention de François Ier. En 1542, le pape Paul III a rétabli les tribunaux de l'Inquisition pour éradiquer les fausses doctrines de la Réforme qui se répandent. De son côté, François Ier a proclamé un édit contre les luthériens. Le 12 juillet 1542, il a de nouveau déclaré la guerre à Charles Quint, qui n'a pas respecté sa promesse d'installer sur le trône du Milanais le deuxième fils du roi de France. Enfin, le roi très catholique courtise les musulmans, dont il a besoin pour combattre les Espagnols. En octobre 1543, la ville de Toulon est vidée de ses habitants pour livrer les lieux aux guerriers de Barberousse (Khayr al-Dîn) et à ses trois cents galères qui remplissent le port. Grâce à son alliance avec Çelebi Süleyman de Turquie et son vassal Barberousse, François Ier se rend maître de Nice.

Le récit du premier voyage de Jacques Cartier au Canada, effectué en 1534, ne sera pas publié avant 1556, à Venise, dans une traduction italienne. Une version anglaise paraîtra en 1580, publiée par un Italien. Le texte français ne sera imprimé qu'en 1598. Le récit du deuxième voyage (1535-1536) de Jacques Cartier sera publié en 1545, l'année où, durant la semaine du 15 au 20 avril, quelque trois mille Vaudois protestants, dans les montagnes du Luberon, au sud de la France, sont massacrés par l'armée royale. Six cents survivants sont envoyés aux galères. Le récit de Jacques Cartier n'indique pas son nom en couverture ; il n'est mentionné qu'une seule fois dans le texte… Selon l'avant-propos, il semblerait que son expédition n'avait qu'un objectif missionnaire. Contrairement aux « meschants lutheriens apostaz & imitateurs de Mahomet », le roi de France montre l'exemple à suivre : sur les terres découvertes par Jacques Cartier, les chrétiens peuvent avoir « l'espérance de l'augmentation future de notre dicte saincte foy ».

Finalement, le récit inachevé de son troisième voyage au Canada ne sera disponible qu'en 1600, dans une traduction anglaise : Richard Hakluyt s'appuiera sur des documents trouvés à Paris en 1583, et disparus depuis. Considérant les dates tardives de leur parution, considérant aussi que deux des récits ont été publiés à l'étranger, considérant enfin que les manuscrits n'ont pas été préservés, l'on peut conclure que les explorations de Jacques Cartier au Canada ont suscité peu d'intérêt en France.

Les pays chauds soulèvent plus de curiosité. L'*Histoire d'un voyage fait en la terre du Brésil, autrement dit Amérique*, écrite par le huguenot Jean de Léry, connaît cinq éditions successives et dix réimpressions en français et en latin de 1578 à 1611. Excepté les pêcheurs, peu de Français s'aventurent au Canada à ce moment-là.

8

Chez « les chiennes d'Indiennes »

L'influent amiral Gaspard de Châtillon de Coligny a vu ses compatriotes persécutés à cause de leur religion. Depuis l'avènement de l'édit de Châteaubriant en 1551, les huguenots sont en effet emprisonnés pour hérésie s'ils n'abjurent pas leur doctrine. Ces familles forcées de fuir la France sont éduquées, entreprenantes, souvent aisées ; elles quittent donc avec leur fortune et leur expertise dans la production et le commerce de la soie, du drap, du verre et d'autres domaines. Au lieu de les laisser aller s'intégrer dans des nations étrangères, Coligny, un catholique, souhaiterait que les huguenots puissent trouver refuge dans un territoire qui serait français.

En 1555, Henri II, le fils de François Iᵉʳ, autorise Coligny à implanter des colonies françaises au Nouveau Monde. Après les explorations de Jacques Cartier, ira-t-on au Canada ? Le Brésil est plus invitant. L'amiral de Coligny charge le vice-amiral de Bretagne, Nicolas Durand de Villegagnon, qui a embrassé la doctrine calviniste, d'y fonder une première colonie française.

Le 12 juillet 1555, Villegagnon quitte le Havre-de-Grâce avec deux vaisseaux de deux cents tonneaux armés pour la guerre et une hourque de cent tonneaux chargée de munitions, de provisions et de pacotilles pour les Sauvages. Il a plus de deux cents hommes sous son commandement, surtout des repris de justice. Villegagnon a aussi trouvé dans les orphelinats quelques adolescents qui parlent les langues indiennes et portugaise.

Le 10 novembre 1555, la flottille mouille l'ancre devant le rivage où s'élèvera un jour Rio de Janeiro. À l'entrée de la baie de Guanabara, les colons campent sur une île au pied du Pain de Sucre. Aidés par les Tupinambas, les colons élèvent le fort Coligny. Plusieurs sont descendus malades de leur vaisseau, mais leur fièvre n'empêche pas Villegagnon d'exiger d'eux un travail acharné. Les femmes tupinambas sont bienveillantes, elles vivent nues et leurs hommes sont fort peu jaloux. Villegagnon interdit toutefois à ses colons de « paillarder avec les chiennes d'Indiennes ». Il ne peut empêcher plusieurs colons de déserter et de partir vivre chez les anthopophages.

Bientôt, Villegagnon abjure la foi huguenote et rentre au bercail de l'Église catholique. Ses nouvelles convictions sont si strictes que les huguenots doivent maintenant chercher refuge chez les païens et sauvages tupinambas. Le virus des guerres de religion a contaminé la colonie française au Brésil. Comme en France, on s'entretue entre Français au fort Coligny. En février 1560, l'amiral portugais Mem de Sá (gouverneur du Brésil depuis 1558) se présente devant le fort Coligny avec cent vingt soldats et plus d'un millier d'indigènes. Les quelque soixante-dix Français qui ont survécu à l'attaque s'enfuient dans la forêt.

Après cet échec, l'amiral de Coligny, toujours en quête d'un refuge au Nouveau Monde, dirige ses frères huguenots vers la chaude Floride. En 1562, Jean Ribault commande une flottille équipée de vingt-cinq canons. Il a sous ses ordres cent cinquante huguenots. À la fin d'une traversée qui a duré dix semaines, il explore la côte floridienne et baptise les baies, les rivières, les caps de noms français. Ses hommes descendent sur les rivages planter des colonnes de pierre blanche marquées des armoiries du roi de France. Ribault repère la rivière de Mai (St John's), assez profonde pour que son plus grand vaisseau puisse pénétrer dans les terres à marée haute. Le 30 avril, à son embouchure, il fait poser une autre colonne de pierre sur une butte de sable. Ses hommes construisent des habitations avec des troncs d'arbres, de la glaise et de la paille; ils les entourent d'un rempart pourvu de huit canons de bronze. À ce fort, Ribault donne le nom de Charlesfort en l'honneur de Charles IX, le petit roi de France qui a douze ans. Sur l'ordre de Philippe II d'Espagne, l'établissement est incendié par les hommes du capitaine Manrique de Rojas, qui fait transporter dans sa frégate la colonne plantée par Jean Ribault.

Après ce désastre, les Français ont reconstruit un fort sur la rivière de Mai dans un bassin protégé par des barres de sable, des marais et une falaise du côté de la mer. C'est le fort Caroline, qui deviendra Jacksonville. Le 20 septembre 1565, tout semble dormir au fort. « À l'attaque ! » crie l'amiral espagnol Pedro Menéndez de Avilés. Mal réveillée, la faible garnison brandit maladroitement les armes. Les Espagnols frappent. Le sol devient rouge de sang. L'attaque du fort Caroline dure moins d'une heure. Menéndez n'a pas perdu un seul homme. Cent trente-deux Français ont été tués.

Quand l'amiral Jean Ribault vient annoncer à Menéndez qu'il se rend, avec soixante-dix de ses compagnons, les soldats espagnols lui attachent les mains derrière le dos. Il réplique avec sagesse : « Avoir vingt ans de plus ou vingt ans de moins, cela est de peu d'importance ; Menéndez peut faire ce qu'il veut. » On le pousse. Un soldat lui assène un coup de dague à l'estomac, un autre lui enfonce sa pique dans la poitrine. On rase sa longue barbe qui sera envoyée comme trophée en Espagne. Sa tête, tranchée, est divisée en quatre quartiers qui sont enfoncés sur des piques aux quatre coins du fort.

9

Élisabeth Iʳᵉ d'Angleterre tient dans sa main le globe terrestre

Élisabeth Iʳᵉ, qui a accédé au trône d'Angleterre en 1558, rêve d'une Angleterre protestante et forte sur terre comme sur mer. Pour réaliser son ambition, elle fera confiance aux forbans du Devon et de la Cornouailles. Dans leurs voyages lointains, leurs abordages, leurs pillages, n'ont-ils pas accumulé connaissances et expérience ? Par exemple, lorsqu'il menait des raids dans les îles des Caraïbes, John Hawkins a compris que les établissements espagnols avaient besoin d'une main-d'œuvre, sans laquelle leurs minerais ne seraient pas exploités, leur sol ne serait pas cultivé. Hawkins était alors parti en Afrique à la chasse aux esclaves, pour revenir les vendre aux colonies espagnoles. Cet homme était un protestant dévot. À bord de ses vaisseaux, ses hommes étaient obligés d'assister à des prêches, d'écouter la lecture de la Bible. Le navigateur Francis Drake, un parent de Hawkins, a aussi fait la traite des esclaves noirs dans le golfe du Mexique. En 1571, il a détruit Porto Bello et Nombre de Dios, sur l'isthme de Panama. Il a capturé un convoi chargé d'argent qui retournait en Espagne. L'année suivante, guidé par le huguenot Guillaume Le Testu, membre de l'école de cartographie de Dieppe, il s'est emparé d'un autre convoi, transportant celui-là de l'or et de l'argent du Pérou. Les forbans allaient devenir les « Dogs of wars », des combattants pour la gloire de l'Angleterre.

Élisabeth Iʳᵉ demande à Francis Drake d'aller raser les colonies que l'Espagne a établies au Nouveau Monde sur la côte du Pacifique (sur le territoire du futur Chili) et sur les îles voisines.

Ses cinq navires portant cent soixante-six hommes appareillent le 13 décembre 1577 à Plymouth, en Angleterre. Après avoir franchi le dangereux détroit de Magellan, au cap Horn, à l'extrémité sud du continent américain, il ne lui reste que trois de ses bâtiments. Seize jours plus tard, Drake n'a plus qu'un seul bateau : le *Golden Hind* longe la côte vers le nord, attaque Valparaiso et capture quelques navires espagnols, dont le *Cafuego*, rempli d'or et d'argent. Continuant vers le nord, Drake atteint le quarante-huitième parallèle, presque à la hauteur de Vancouver, où il vire de bord en direction sud et va mouiller dans la baie de San Francisco, où il prend possession des terres au nom de la reine d'Angleterre et d'Irlande. Le 23 juillet 1579, après un séjour prolongé, il met le cap à l'ouest et traverse le Pacifique pour atteindre les Moluques (la future Indonésie) en novembre 1579. Il accoste à Célèbes, à Java, puis contourne le cap de Bonne-Espérance au sud de l'Afrique et rentre en Angleterre en 1580 après un peu plus de deux ans.

Élisabeth Iʳᵉ signe aussi, le 11 juillet 1578, une patente donnant à Humphrey Gilbert la mission de « découvrir, chercher, trouver et voir ces terres lointaines, païennes et barbares, ces pays et territoires, qui ne sont pas la possession de prince ou de peuple chrétien, en vue de l'habitation et de l'implantation de notre peuple en Amérique, partout entre le Labrador et la Floride ». Humphrey Gilbert est persuadé qu'il existe, aux environs de Terre-Neuve, un passage « pour aller à Cathay », la Chine. Ce courtisan versé en littérature ancienne, en musique, en mathématiques et en astronomie propose à la reine de créer une académie pour éduquer les jeunes nobles qui assumeront un rôle dans ce Nouveau Monde. On y enseignera l'astronomie pour soutenir la navigation, les mathématiques pour rendre plus précise l'artillerie, plus solides les fortifications et plus rapides les navires. On enseignera l'art du dessin pour produire des cartes plus exactes. Après les leçons d'équitation, les joutes à la lance, les leçons de chirurgie, les jeunes nobles seront aptes au combat. Après l'étude de la danse, de la loi, des langues étrangères, ils seraient prêts pour la négociation et la diplomatie… Cette proposition n'est pas retenue par Élisabeth Ire.

Avec Humphrey Gilbert s'embarquent pour l'Amérique trois cent soixante-cinq gentilshommes, des soldats, des matelots, des musiciens, un capitaine de navire et un pilote portugais capturé dans les Antilles. À peine rendu devant l'Irlande, le vaisseau fait demi-tour pour revenir au port. Les membres de l'équipage ont décidé de se faire corsaires ; au lieu d'aller se perdre dans les glaces du Nord, ils iront faire la chasse aux bateaux espagnols.

Humphrey Gilbert prépare une seconde expédition dans le but de fonder une colonie à « Norumbega », la côte sud de la future Nouvelle-Écosse. Autour de ce nom flotte, à la cour comme dans les tavernes du port, une odeur de mystère. Ce pays, dit-on, recèle des richesses comme le Mexique ou le Pérou et est habité par des Indiens qui adorent le soleil et parlent une langue proche du latin. Le fleuve qui le traverse (Pentagouët, ou Penobscot, en anglais) mène assurément à l'Inde et à la Chine. En quête d'investisseurs, l'explorateur anglais fait des promesses mirobolantes. À John Dee, par exemple, il donne toutes les terres au nord du cinquantième parallèle, c'est-à-dire presque tout le Canada d'aujourd'hui ! À Philip Sidney, il offre la propriété de trois millions d'acres !

En juin 1583, ses vaisseaux prennent à leur bord deux cent soixante hommes : maçons, charpentiers, raffineurs, minéralogistes. Pour séduire les indigènes, il emmène des musiciens, des danseurs. Enfin, Gilbert apporte des pièces de mercerie à troquer avec « ces gens simples » et des objets pour « donner du plaisir au peuple sauvage que nous avions l'intention de gagner par tous les bons moyens possibles ». De petits chevaux vigoureux sont du voyage. Simon Fernandez est le pilote de l'expédition.

Quand Humphrey Gilbert fait une première escale à Saint-Jean (Terre-Neuve), il dénombre trente-six autres navires, espagnols, portugais et français, qui sont à l'ancre dans le havre. Il fait dresser une colonne portant les armoiries de l'Angleterre, et comme Giovanni Caboto (Jean Cabot) l'a fait en 1497, il prend possession de ce pays, cette fois au nom d'Élisabeth Ire. Ensuite, il met le cap au sud, vers Norembègue, mais une tempête disperse sa flottille. La pinasse d'Humphrey Gilbert est avalée par une mer enragée.

Élisabeth Ire ne va pas se soumettre à la dictature des éléments ! Dans un dessin à l'encre exécuté vers 1584 par Nicholas Hilliard, la « Reine d'Angleterre, de France et d'Irlande » tient le globe terrestre dans sa main ! Reine de France ? À cause de la quantité substantielle de territoires français qu'ils possèdent par héritage, les monarques anglais se croient en droit de réclamer la couronne de France.

Élisabeth Ire partage la pensée de Walter Raleigh, qu'elle a adoubé : « Celui qui a la maîtrise de la mer a la maîtrise du commerce ; celui qui a la maîtrise du commerce a la maîtrise des richesses du monde. » Elle lui donne, en 1584, une commission « pour l'habitation et l'implantation de notre peuple en Amérique ». Non loin des côtes de la Floride, Raleigh repère des terres et des rivières qui conviennent à ses colons, elles constitueront la Virginie. Deux ans plus tard, il est forcé de rapatrier en Angleterre les membres de la colonie, vaincus par toutes les difficultés de s'installer, de s'adapter. Chargé de l'arpentage et du dessin des cartes, Thomas Harriot a eu le temps d'entreprendre l'étude des plantes locales, comme le sassafras. Il a aussi été initié à l'usage du tabac, cette « herbe vertueuse » à laquelle il accorde les pouvoirs d'une cure universelle, même si, au bout de son nez, pousse une excroissance cancéreuse.

De son côté, à l'automne 1585, Francis Drake, avec une vingtaine de vaisseaux et plus de deux mille cinq cents hommes, saccage Santo Domingo, Carthagène en Colombie et Saint Augustine en Floride. Au large de la Caroline du Nord, l'île de Roanoke lui semble propice à l'établissement d'une colonie mais, quelques mois plus tard, les colons supplient Drake de les ramener en Angleterre.

Sur l'une des cartes de ce temps qui illustrent les voyages de Drake aux Antilles et en Virginie, l'on trouve mentionnés, au nord, la Nouvelle-France et le Canada. Trois petites collines y sont peintes en vert. L'une porte le nom d'Hochelaga – Montréal. Près d'une autre, sans nom – est-ce Québec ? –, est planté un drapeau bleu portant une fleur de lys.

10

Pour ne pas voir cela, Dieu doit s'être cloîtré
dans un iglou au Canada

Pendant qu'Élisabeth Ire d'Angleterre rêvait de tenir le globe terrestre dans sa main, à quoi donc s'occupait le roi de France ? En 1574, Henri III avait vingt-trois ans. Les conflits religieux parmi lesquels il avait grandi lui avaient donné une aversion pour les jeux violents. Aux tournois d'armes et à la chasse il préférait le bilboquet ! Il aimait les bijoux, les parfums, il adorait se vêtir comme s'habillent les femmes. Entouré de ses mignons, il n'hésitait pas à leur distribuer les caresses que méritait leur joliesse.

Les galions espagnols revenant du Nouveau Monde déversaient des trésors dans les ports. Cette abondance de métaux précieux avait provoqué en France une inflation générale et une montée vertigineuse des prix. Et, déchirée par les guerres de religion, la France avait négligé son agriculture.

En dehors de la cour, d'où émanait un parfum de fêtes orgiaques, le pays est fragmenté : les catholiques « malcontents » favorisaient une entente avec les protestants ; les « intransigeants » s'y opposaient. Le 6 mai 1576, signant la paix de Monsieur, Henri III redonna aux huguenots la liberté de culte dans certaines villes et à Paris. Si les « malcontents » furent apaisés, les « intransigeants », aigris de voir ce roi dévergondé se rapprocher des huguenots, s'agrégèrent à la Ligue catholique d'Henri de Guise, qui ambitionnait de renverser l'accord entre les religions. Henri III riposta : pour gagner la sympathie des catholiques, il rétablit le culte catholique dans les villes protestantes.

En 1584 meurt le frère cadet du roi, son successeur légitime au trône. Qui, alors, deviendra le dauphin d'Henri III, ce roi incapable de faire un enfant à une femme ? Henri de Navarre est l'héritier de droit au trône, mais sa foi huguenote lui interdit d'y accéder. Reste le vieux cardinal Charles de Bourbon.

Henri de Guise, le champion des catholiques intransigeants, est bientôt perçu comme le seul homme capable de maîtriser la crise. Le tendre Henri III juge le moment venu de montrer les dents. Il charge son mignon, Anne, duc de Joyeuse, d'aller combattre les calvinistes de Guyenne. Joyeuse est tué. Les catholiques blâment le roi pour leur défaite : il a été puni pour avoir placé à la tête de cette campagne l'un de ses pervers favoris.

Marie Stuart, la reine catholique d'Écosse, forcée d'abdiquer, s'est réfugiée en Angleterre. Les catholiques anglais se rassemblent autour d'elle. La reine Élisabeth Ire, qui a observé ce mouvement avec méfiance, assigne Marie Stuart à résidence, puis la fait emprisonner. Advenant la mort d'Élisabeth Ire, Marie Stuart accéderait au trône. Les catholiques lui manifestent un soutien de plus en plus énergique. Marie Stuart ne décourage pas leurs complots. Élisabeth Ire songe à appliquer la sentence de mort à sa cousine.

Henri III est pressé par les catholiques de France d'inciter la reine d'Angleterre à se montrer indulgente envers Marie Stuart : n'est-elle pas de la maison de Guise ? Marie Stuart est néanmoins exécutée en 1587. Voilà une autre preuve de l'impuissance politique d'Henri III. La Ligue catholique d'Henri de Guise est résolue à se débarrasser de ce roitelet qui n'est pas respecté.

Le 9 mai 1588, triomphant, Henri de Guise entre à Paris malgré l'interdiction du roi. Le 12 mai, étudiants, bourgeois, ouvriers, artisans et magistrats affluent sur la place Maubert. Craignant la répression de la garde royale, ils bloquent les rues avec tables, chaises, barriques, pavés. Une détonation éclate ! La foule se rue sur les gardes. Plus de soixante d'entre eux sont massacrés. Vivement, les survivants se joignent à la foule qui acclame Henri de Guise.

Épouvantés par la colère du peuple, Henri III et quelques-uns de ses mignons s'enfuient dans la sécurité champêtre de Chartres, où la Ligue catholique lui dicte cependant de n'accepter « aucune paix ou trêve avec les hérétiques ». De Guise est fort aussi du soutien de Philippe II d'Espagne, qui se prépare à débarquer en Angleterre pour forcer Élisabeth Iʳᵉ à accorder la liberté de culte aux catholiques, et aussi pour mettre fin à l'ingérence de la reine aux Pays-Bas, un domaine espagnol. Pour cette ambitieuse entreprise, il a réuni cent trente navires, trente mille hommes, dix-neuf mille soldats, une artillerie formidable, trois cents chevaux, des mules.

Depuis qu'Henri VIII a été excommunié par le pape, en 1534, pour avoir divorcé de Catherine d'Aragon en vue d'épouser Anne Boleyn, l'Angleterre se méfie des catholiques. Henri VIII a accumulé assez de canons, dit-on, pour s'emparer de l'enfer ! Élisabeth Iʳᵉ dispose donc, en 1588, des cent quatre-vingt-dix-sept navires de la Marine royale et de la marine marchande, ainsi que de quinze mille huit cent trente-cinq hommes. Leurs commandants sont des navigateurs expérimentés qui ont sillonné les mers du monde : John Hawkins, Francis Drake, Martin Frobisher, Walter Raleigh.

C'est au port de Calais que la véritable bataille éclate entre la flotte anglaise et l'armada espagnole. Dans la nuit du 7 au 8 août 1588, des barques enflammées glissent entre les vaisseaux espagnols qui sont au mouillage, puis explosent, projetant le feu dans les voilures et sur les ponts. Sur les vaisseaux espagnols, c'est la panique : les matelots coupent les amarres. Plusieurs navires disparaissent dans la nuit, poussés par le vent sur les côtes de l'Irlande, où la population repousse les envahisseurs.

La défaite du roi catholique d'Espagne est irréparable. Le soutien qu'il accordait à Henri de Guise en sera réduit. Les circonstances deviennent dès lors favorables à Henri III. Dans le but de raffermir son autorité, le roi se rend à Blois, où sont réunis les États généraux. Il semble prêter une oreille conciliante à la Ligue catholique ; elle réclame une nouvelle répartition des subsides qui sera au désavantage des huguenots. Henri III invite Henri de Guise à venir discuter de la situation dans l'intimité de son cabinet.

Henri III distribue lui-même des poignards à ses quarante-cinq gardes personnels avant d'accueillir de Guise, qui s'écroule sous les coups, le 22 décembre 1588, dans le couloir menant au cabinet royal. Son frère, Louis II de Guise, cardinal de Lorraine, est aussi assassiné. Le roi fait arrêter les dirigeants de la Ligue catholique. Il incarcère le vieux cardinal Charles de Bourbon, qui possède un droit présomptif au trône. Enfin, Henri III écarte de son entourage Catherine de Médicis ; désormais, il gouvernera sans l'influence de sa mère. Cependant, Paris s'insurge. Le 7 janvier 1589, les grandes villes de France, signant l'édit de l'Union, délient le peuple du devoir d'obéissance à Henri III et proclament la déchéance du roi.

Henri III pourra-t-il reconquérir Paris ? Il croit devoir d'abord se réconcilier avec le huguenot Henri de Navarre dont, quatre ans auparavant, il refusait de reconnaître le droit à la succession au trône. Le 30 avril, Henri III et Henri de Navarre se rencontrent pour un entretien. Aussitôt, le pape excommunie Henri III. Malgré cela, le catholique et le protestant unissent leurs troupes. Ensemble, leurs soldats marcheront sur Paris pour l'assiéger.

À peine arrivé devant la capitale, le 2 août 1589, Henri III, assis sur sa chaise à trou, est occupé à soulager ses besoins intimes quand il est assailli à coups de couteau par Jacques Clément, un jeune prêtre dominicain. Avant de mourir, le malheureux roi a le temps d'arracher le couteau de sa blessure et de murmurer que tous les seigneurs doivent prêter serment de loyauté envers Henri de Navarre.

Les membres de la Ligue catholique n'entendent pas la requête royale. Le 21 novembre 1589, ils proclament plutôt roi de France le vieux cardinal Charles de Bourbon, qui est détenu en prison. Il portera le nom de Charles X.

La guerre reprend entre catholiques et huguenots. Les Parisiens, assiégés par l'armée d'Henri de Navarre, souffrent d'une famine absolue. Charles X meurt dans sa prison le 9 mai 1590, après avoir reconnu la légitimité d'Henri de Navarre. Grâce à l'aide des Espagnols, la ville est débloquée le 30 août 1590. Les batailles s'enchaînent… La Ligue catholique s'empare d'Aix, de Marseille. Henri de Navarre fait le siège de Rouen. Les Espagnols libèrent Rouen. Henri de Navarre remporte quelques victoires, subit quelques échecs. La France est ruinée, épuisée.

Le 28 janvier 1593, la Ligue catholique convoque des États généraux à Paris afin de parvenir à un accord sur le choix d'un nouveau roi. Les pourparlers durent huit mois. Dans l'intervalle, le 16 mai 1593, Henri de Navarre abjure sa croyance huguenote. S'il se reconvertit au catholicisme, juge-t-il, son droit à la succession sera ratifié par la Ligue catholique… Quatre jours plus tard, Philippe II d'Espagne notifie les droits de sa fille, l'infante Isabelle-Claire-Eugénie de Habsbourg, au trône de France. Le Parlement de Paris rétorque par une loi salique : aucune femme et aucun étranger ne peut accéder au trône de France.

L'année suivante, le 27 février 1594, en la cathédrale de Chartres, Henri de Navarre, sacré roi de France, devient Henri IV. Le pape l'a absous de ses fautes huguenotes. Les Ligues catholiques de Provence, de Bourgogne, de Champagne, de Normandie et de Bretagne se soumettent. Le 13 avril 1598, Henri IV décrète l'édit de Nantes : à la suite de l'amnistie qui leur est accordée, les réformés recouvrent l'intégralité de leurs droits civiques ; leur liberté de conscience est reconnue de même que leur liberté de pratiquer leur culte ; ils ont accès à tous les emplois de l'administration publique – l'édit de Nantes leur garantit une centaine de places de sûreté.

11

Une maison pour l'hiver à Tadoussac

Alors que les chrétiens de France s'égorgent sur le chemin qui, croient-ils, mène au Ciel, des pêcheurs, comme ils le font depuis des générations, continuent d'aller jeter leurs filets sur les bancs de Terre-Neuve, dans le golfe du Saint-Laurent et le long des côtes du Labrador, descendent sur les rives pour préparer le poisson et faire quelque commerce avec les indigènes qui ont pris l'habitude de venir à leur rencontre. Depuis l'échec de Jacques Cartier et de Roberval, la France n'a pas manifesté l'intention de coloniser le Canada. On sait que l'or et les diamants y sont faux, que la terre y est cachée sous la glace et que les Sauvages y sont féroces…

En 1585, Jacques Noël, le neveu de Cartier, est revenu sur les traces de l'explorateur. Ayant été guidé par une carte où la main de Cartier avait indiqué le fleuve, les rivières, les baies, les îles, les villages, il a marché dans les pas de son oncle à Stadaconé; il a vu de ses yeux quelques ruines des forts construits à Charlesbourg Royal. Comme lui, à Hochelaga, il est monté au sommet du mont Royal, et comme lui, il a observé les rapides sur le Saint-Laurent. Comme son oncle, il a ramené en France un Sauvage.

Deux ans plus tard, ce furent les fils de Jacques Noël, Michel et Jean, qui vinrent au Canada. Dans l'estuaire du Saint-Laurent, ils furent attaqués par des traiteurs qui les dépouillèrent de quatre de leurs pataches. Malgré leur mésaventure, ils se sont montrés si enthousiastes à propos de leur expédition que leur père a sollicité auprès d'Henri III le monopole de l'exploitation des pelleteries et des mines au Canada. En échange de ce privilège exclusif, Jacques Noël a promis de bâtir des établissements fortifiés et de peupler le Canada. Le neveu de Cartier s'est associé avec Étienne Chaton de La Jannaye, un capitaine de navire. Henri III a gratifié les associés d'une commission qu'il voulait semblable à celle que François Ier avait concédée à Cartier. Ils pourraient aussi, comme lui, choisir dans les prisons soixante talentueux colons.

En février 1588, les marchands et les gouvernants de la Bretagne exprimèrent au roi leur opposition à ce privilège, sans cependant réclamer pour eux-mêmes ce monopole qui les obligerait à défricher un pays « aucunement fertile » et à le peupler, alors qu'ils y font pêche et commerce sans être soumis à aucune obligation. Finalement, le roi céda à Jacques Noël et à La Jannaye le seul monopole des mines qu'ils découvriraient. Déçus, les deux entrepreneurs se retirèrent de l'aventure.

Capitaine de la garnison huguenote à Honfleur, en France, Pierre de Chauvin de Tonnetuit a combattu la Ligue catholique durant les guerres de religion. Propriétaire de quatre navires qui font la pêche et la traite des fourrures, il obtient d'Henri IV le monopole de la fourrure au Canada en dépit des récriminations des marchands de la ville. Certains se voient écartés d'une source de profits, d'autres détestent les calvinistes, tout simplement.

Au printemps 1600, accompagné par François Gravé du Pont, Chauvin remonte le Saint-Laurent. Comme son capitaine, un soldat devenu marchand, Gravé du Pont s'est aventuré plusieurs fois à faire la traite sur les rives du « Canada ». Il s'est même rendu, sur le fleuve Saint-Laurent, jusqu'à la hauteur de ce qui sera Trois-Rivières. Les deux aventuriers s'arrêtent au confluent du Saguenay. L'été, les Sauvages viennent avec femmes et enfants camper à cet endroit pour troquer avec les pêcheurs et marchands venus de l'autre côté du Grand Lac. Montagnais, Iroquois, Hurons et Algonquins se disputent ce lieu, Tadoussac, qu'ils se partagent.

Chauvin y construit une maison de quatre toises de long sur trois de large (une toise équivaut à 1,82 mètre) dotée d'une cheminée. Le toit est couvert d'« ais », des bardeaux. Il l'entoure d'une claie de branchages entrecroisés et d'une petite tranchée. S'il est avantageux pour le commerce et la pêche, le site de Tadoussac est peu favorable à l'agriculture, le sol y étant rocailleux. À l'automne, les navires de Chauvin, chargés de peaux de castor, rentrent en France. Il laisse derrière lui seize hommes qui hiverneront à ce poste.

En 1601, Guillaume Le Vasseur de Beauplan dessine une carte du Canada où vingt-huit endroits sont identifiés par les noms que Jacques Cartier leur avait donnés. Quand il revient, le printemps suivant, Chauvin ne trouve plus à Tadoussac que cinq hommes, sauvés par les Montagnais. Les onze autres ont été victimes de l'impitoyable hiver.

Informés des pleines cargaisons de fourrures qui ont été déchargées des navires de Chauvin, les marchands de Bretagne et de Normandie, qui envient son monopole, l'accusent bientôt de négliger son obligation de fonder une colonie. À la mort de Chauvin, en 1603, Henri IV transfère le monopole à Aymar de Chaste, un ancien soldat devenu lui aussi marchand. De Chaste promet d'explorer ce pays, d'inventorier ses ressources et d'y établir une colonie française. Il invite Samuel de Champlain, dessinateur et cartographe, à participer à son exploration. Champlain avait déjà voyagé durant plus de deux ans avec les Espagnols ; il vu Puerto Rico, La Marguerita, la Désirade, le « Mechique », « Cartage » en Colombie, La Havane, la Floride, l'isthme de Panama… Il a rédigé un récit de ses voyages qu'il a illustré de soixante-deux dessins. Né à Brouage, ville huguenote, Champlain jouit d'une pension à la cour d'Henri IV.

La France n'est pas encore guérie des affligeantes guerres de religion qui ont dépeuplé le pays ; a-t-elle besoin des terres incultes de la Nouvelle-France, sans or, sans diamants et sans épices ? Le duc de Sully, le ministre des Finances, un huguenot, est convaincu que ces terres nordiques sont nécessairement infertiles. De plus, pour les colons, les risques sont très nombreux en ce territoire peuplé de Sauvages féroces. Et durant la traversée de la mer, les vaisseaux peuvent être tourmentés par des tempêtes ou attaqués par des pirates. En ces lieux, on meurt souvent de froid en hiver. Le coût de fonder une province de France en Amérique serait très élevé. Quant aux marchands, ils n'ont besoin que d'un simple comptoir, sur la côte, où les Sauvages apporteront leurs fourrures.

Cette hésitation de la France devant l'exploration du Nouveau Monde a déjà été exprimée par le philosophe Michel de Montaigne. Maire de Bordeaux, conseiller au Parlement, il acquiesçait à ce que ce « païs infini » reçoive considération, mais, écrivait-il dans ses *Essais* de 1580, « j'ay peur que nous avons les yeux plus grands que le ventre et plus de curiosité que nous n'avons de capacité. Nous embrassons tout, mais nous n'étreignons que du vent ».

Parce qu'il veut « veoyr ledict pays », Samuel de Champlain monte à bord du vaisseau d'Aymar de Chaste en partance pour les « Canadas » le 15 mars 1603. À la fin d'avril, des bancs de glace barrent le passage aux explorateurs ; l'un n'a pas moins que huit lieues de longueur. Dans la brume, prudemment, le pilote les contourne et le vaisseau avance vers Terre-Neuve. Champlain identifie le cap Sainte-Marie mentionné en 1545 dans la *Cosmographie* de l'explorateur Jean Alfonse. Défilent la pointe du cap Breton, la Grande Baie, entre la côte du Labrador et la côte occidentale de Terre-Neuve, l'île Anticosti, Gaspé, puis l'entrée du fleuve Saint-Laurent.

Le 26 mai 1603, les Français sont accueillis à Tadoussac par le « Grand Sagamo des Sauuages des Canadas ». Deux ans plus tôt, le sieur Gravé du Pont avait emmené avec lui quelques indigènes pour les présenter à la cour de France. L'un d'eux, revenu sur le navire de Champlain, assure à ses frères que le grand roi puissant leur enverra des guerriers pour combattre leurs ennemis. Après les discours, les échanges de présents, les hommes se disputent des courses de vitesse. Les Français, qui ne peuvent triompher contre ces Sauvages agiles aux corps musclés, ont l'excuse d'avoir les jambes engourdies après leur longue navigation. Cependant, ils sont heureux de participer à une « tabagie ». Assis autour d'un feu sur lequel bout un grand chaudron de sagamité, ils « pétunent » (fument du tabac). Les indigènes interrogent les étrangers longtemps, longtemps dans la nuit, pendant que les enfants s'amusent à des poursuites. Dans l'air parfumé par la viande et le tabac s'élèvent des chants. Les femmes commencent à danser. Les hommes se joignent à elles. Les Français offrent du vin en échange de tabac. Les chants s'intensifient, les rythmes de la danse s'accélèrent. Cela dure toute la nuit, puis toute la journée suivante, et une autre nuit encore. Les Français n'ont pas eu de femmes depuis trois mois. Les Montagnaises dansent nues. Autour du feu, parmi ces étrangers, elles n'éprouvent aucune honte à être sans vêtements. Et leurs hommes ne s'en offusquent pas… Aux gentilshommes français, personne ne demande d'être fidèles à leur épouse. Chez eux, ils bénéficient du droit de cuissage, ils ont dans leur demeure quelques servantes et il ne leur est pas exceptionnel de fréquenter les maisons publiques. Quant aux membres de l'équipage, ils n'ont pas été choisis pour l'austérité de leurs mœurs. Champlain observe.

Après un repos de quelques jours et quelques autres « tabagies », des radoubs aux navires et de brèves excursions autour de Tadoussac, Gravé du Pont et Champlain s'engagent sur la rivière Saguenay. Les matelots en sondent la « profondité ». Dans un village, les indigènes leur apprennent l'existence, au nord, très loin, d'une mer salée. Champlain questionne ; il configure cette étendue d'eau sur une carte qu'il trace. Puis, de Tadoussac, la « chaloupe » des explorateurs remonte la « rivière de Canada » (fleuve Saint-Laurent). À l'île d'Orléans, Champlain se dit que si cette terre était cultivée, elle serait aussi bonne que celle de France. Plus loin, le site des Trois Rivières, comme celui de Tadoussac à la rencontre de plusieurs routes d'eau, lui semble propice à la construction d'une habitation. Après un vaste lac (Saint-Pierre), Gravé du Pont et Champlain entrent dans l'estuaire d'une grande rivière, le futur Richelieu, la remontent jusqu'aux rapides de ce qui deviendra Saint-Ours. Revenus sur le Saint-Laurent, ils se rendent jusqu'aux rapides d'Hochelaga. Les indigènes leur apprennent l'existence, vers l'ouest, de chutes géantes (Niagara) et de plusieurs lacs immenses. Champlain ajoute ces renseignements à ses cartes.

Ayant redescendu le Saint-Laurent, Gravé du Pont et Champlain explorent la baie des Chaleurs, les régions de Tracadie, de Miramichi et de la rivière Shédiac qui mène à une mine de cuivre, puis le détroit de Canseau, le cap Breton, les côtes de l'Acadie, la baie Française (de Fundy) et, le 20 août 1603, avec le « contentement d'un chacun », l'expédition repart pour le port du « Haure-de-Grace ».

À la suite du décès d'Aymar de Chaste, Henri IV transfère à Pierre Du Gua de Monts, marchand de Saint-Malo, le titre de lieutenant général « des terres et confins de l'Acadie, du Canada et autres lieux en Nouvelle-France », ainsi que le monopole de la traite en ces lieux. En retour, le sieur de Monts s'engage à y établir soixante colons par année.

Lorsqu'il s'embarque sur son vaisseau, le huguenot Du Gua de Monts est accompagné du catholique Jean de Biencourt de Poutrincourt. Leur promettant des terres, Du Gua de Monts a réussi à attirer des membres de la petite noblesse. Font aussi partie de l'expédition des soldats, « environ 120 artisans », protestants et catholiques, des tailleurs de pierre, des maçons, des charpentiers et quelques vagabonds. Samuel de Champlain est aussi de cette aventure. Ces gens sont répartis sur trois vaisseaux.

Au début de mai 1604, la côte de la Nouvelle-Écosse est en vue. La flottille côtoie la rive sud de la baie Française où, l'année précédente, on avait repéré une mine de cuivre. Ayant admiré la paisible beauté de la vallée de l'Annapolis, les voyageurs entrent dans la baie Sainte-Marie. Atteignant Chignectou, ils se dirigent vers le Nouveau-Brunswick, enfilent la rivière Saint-Jean, reviennent, continuent vers la baie de Passamaquoddy. Les vaisseaux de Du Gua de Monts ne sont pas seuls sur ces eaux.

Les Français s'emparent de huit vaisseaux espagnols, anglais et même français qui contrevenaient au monopole de Du Gua de Monts. Parmi eux, il y a celui du neveu de son associé hollandais. Après s'être aventurée sur une quinzaine de lieues sur la rivière Pentagouët, la flottille mouille devant l'île Sainte-Croix, aujourd'hui Dochet Island, dans le Maine.

Les colons, qui passeront l'hiver sur cette île, s'empressent de semer du blé, mais une première neige tombe très tôt, le 6 octobre. Pendant plusieurs mois, ils sont prisonniers de la glace implacable qui entoure l'île. Torturés par la faim, malades, pas moins de trente-cinq hommes meurent. Le printemps venu, les survivants s'empressent de démonter ce qui a été construit ; les bateaux transportent planches, solives, portes, fenêtres, meubles dans la douce vallée de la rivière Annapolis, où les hommes de Du Gua de Monts reconstruisent l'habitation à Port-Royal.

Dès la fonte des glaces, en ce printemps de 1605, Champlain, qui a survécu, poursuit son exploration de la côte de la Nouvelle-Angleterre : baies, caps, îles, comme celle qu'il nomme « des Monts Déserts » ou celles de la « baie des Îles » (Boston). Au port Saint-Louis (Plymouth), « une maniere d'île remplie de bois tenant aux dunes de sable », Champlain trace une carte, dessine les cabanes des indigènes armés de piques derrière leur palissade, les champs labourés. Il mesure la profondeur de l'eau dans la baie. Après cela, il « s'engouffre » dans une autre grande baie pour s'approcher d'un cap auquel il donne le nom de cap Blanc, parce que « c'étaient sables & dunes » – trois ans auparavant, le capitaine Bartholomew Gosnold avait nommé cet endroit Cape Cod après y avoir fait une bonne pêche de morues. À Mallebarre (Nauset Harbour), il tente de communiquer avec les Sauvages au visage peint en rouge, noir et jaune qui vivent autour d'une baie édénique ceinte de champs de maïs splendides. Un incident éclate autour d'un seau d'eau. Champlain est pressé de rebrousser chemin.

Ayant parcouru six cent quarante kilomètres sur la côte de la Nouvelle-Angleterre, il a tracé des cartes indiquant cours d'eau, écueils, bancs de sable et autres obstacles. Il revient aussi avec des notes sur la façon qu'ont les Sauvages de cultiver le « bled d'Inde » et le « pétun » (tabac), de se coiffer, de s'habiller, de s'arracher les poils de la barbe.

L'année suivante, Jean de Biencourt de Poutrincourt revient à Port-Royal, ayant recruté des arquebusiers suisses pour « tenir en paix » les Sauvages à qui il distribue bracelets, bagues, « camisoles rouges » et « cappeaux » (manteaux). Malgré cette générosité, les indigènes s'emparent d'un Français. Poutrincourt offre à leur chef seaux, haches et couteaux, tentant d'obtenir, en plus de la libération du malheureux, des citrouilles, des fèves et du maïs. À Port-Royal, les raisins sont bien mûrs et le grain est « aussi beau que celui de France », mais la paix est fragile.

Champlain repart en expédition sur la côte atlantique et Poutrincourt l'accompagne. Au port aux Huîtres (Barnstable) comme sur l'île de Nantucket, les Sauvages sont peu hospitaliers. Au port Fortuné (Chatham), Poutrincourt s'inquiète : est-on en état « de s'opposer aux desseins de ces canailles » ? Il demande que ses chaloupes vivement s'écartent de la rive. Un boulanger refuse de quitter sa tâche avant de l'avoir terminée. Poutrincourt envoie plus tard une chaloupe pour le cueillir. Le pain sent bon, il est encore chaud. Le boulanger a aussi cuit des galettes. Les rameurs s'empiffrent, s'attardent. À l'aube, quatre indigènes déclenchent une volée de flèches. Des Français sont cloués au sol. D'autres, blessés, se traînent jusqu'à la mer, mais ils se noient en cherchant à atteindre leur chaloupe. Quand Poutrincourt et Champlain reviennent enterrer les morts, les Sauvages ont des gestes menaçants. Poutrincourt ordonne que l'on fasse tonner les « espoirs (canons) de fonte verte ». La tempête finie, les Sauvages se relèvent, arrachent la croix que les Français ont plantée, déterrent les morts, les jettent dans la bruyère, mettent le feu et disparaissent. Les Français redressent la croix, remettent les cadavres en terre et quittent « sans avoir rien fait pour se venger des Sauvages ». Ils font escale, le 16 octobre, six ou sept lieues plus loin, sur une île qu'ils nomment « la Soupçonneuse ». Le capitaine Gosnold avait déjà donné à cette île le nom de sa belle-mère, qui l'avait aidé à financer son aventure : Martha's Vineyard.

En février 1607, Du Gua de Monts est en Hollande, venu réclamer compensation pour les navires que les Hollandais lui ont ravis l'année précédente à Tadoussac. Il se plaint aussi du fait qu'ils lui aient enlevé son interprète Mathieu da Costa. De Monts apprend que Mathieu da Costa est en prison au Havre pour « insolence ». Il obtient sa libération et l'engage par contrat pour une durée de trois ans : il naviguera avec lui ou en son nom ; il sera son interprète « pour les voyages de Canada, Cadie et ailleurs ». Le « nègre » Mathieu da Costa parle basque, portugais, hollandais, français et « sabir ».

Sans doute n'est-il pas le seul Noir à naviguer dans ces eaux. L'avocat et poète Marc Lescarbot, en route vers Port-Royal en 1606, notait le décès d'un Noir à bord du *Jonas*. Aux explorateurs, aux officiers, aux marchands, aux traiteurs, aux administrateurs, ces interprètes sont indispensables. Dans leurs rencontres avec les indigènes, les pêcheurs et les traiteurs venus de divers pays, Du Gua de Monts et Champlain ont besoin d'un tel interprète qui participe aux négociations et à toutes les autres étapes de la traite.

Exclus des bénéfices de la traite en Nouvelle-France, les marchands font dans le vieux pays une insistante cabale contre Du Gua de Monts. La corporation des chapeliers de France proteste contre le prix exorbitant de la fourrure de castor. Trop avidement chassé en Europe, le castor y est devenu une espèce presque éteinte. Grâce à son monopole des fourrures, Du Gua de Monts en est le seul fournisseur. Mais en 1607, insatisfait du peu de succès de la colonie de Port-Royal, Henri IV lui révoque son privilège. Les colons de Port-Royal sont rapatriés en France, où ils débardent fourrures et morues, exhibent à la ronde des poignées du blé qu'ils ont récolté en Acadie, de même que des échantillons de minerais.

Quelques dames de la cour, de ferventes catholiques, rappellent au confesseur du roi que Sa Majesté a le devoir de convertir les Sauvages. Après une vie passablement dissolue, avivée de nombreuses maîtresses, après avoir été le chef des huguenots et avoir combattu les catholiques, Henri IV songe à son salut éternel. Peut-être son âme sera-t-elle sauvée s'il fait baptiser les Sauvages de la Nouvelle-France...

Du Gua de Monts énumère au roi les difficultés qu'il a encourues en Acadie. Constamment, il a été forcé de défendre son monopole contre les marchands qui, sur des vaisseaux étrangers et même souvent français, achetaient de façon illicite les fourrures des Sauvages. Ensuite, le coût de l'approvisionnement et de la construction était si élevé qu'il lui était impossible de donner un bénéfice aux investisseurs. Champlain et lui ont cependant acquis de l'expérience. Tous deux pourraient ensemble augmenter le peuplement de la colonie et l'exploitation de ses richesses. Tous deux souhaitent poursuivre l'entreprise. De Monts sera le marchand, Champlain sera l'explorateur et l'administrateur. Ils feront de Québec, sur le Saint-Laurent, la porte de l'Ouest. L'homme est si persuasif que le roi prolonge de trois ans son monopole.

12

Une habitation à Québec

Le 3 juillet 1608, Champlain arrive à Québec, sur l'emplacement où Jacques Cartier, estime-t-il, hiverna en 1534. Ses hommes abattent des noyers, les scient en poutres et en planches, ils essouchent, ils creusent, ils clouent. Champlain, qui ne se sent pas encore assez familier avec le grand fleuve, n'a pas voulu risquer d'endommager ses vaisseaux. Il les a laissés à Tadoussac, à deux cent dix kilomètres de Québec. De là, le matériel est transporté en barque. Terminée, l'habitation (qui serait située aujourd'hui à l'intersection des rues Saint-Pierre et Sous-le-Fort) compte trois maisons de deux étages, un entrepôt pour les armes et les munitions, ainsi qu'une forge. Les corps de logis communiquent par une galerie, au premier étage. L'entrepôt est pourvu d'une « cave » pour la préservation de la nourriture. Ces bâtiments sont entourés de douves larges de quatre mètres cinquante, et profondes de presque deux mètres. L'habitation est aussi protégée par trois murs en « pointe d'éperon » le long desquels sont disposés les canons.

À l'automne, vingt-cinq hommes accompagnent Champlain ; au printemps suivant, neuf seulement ont survécu au scorbut. Même le barbier-chirurgien est mort. Troublé par ces pertes, Champlain remonte le Saint-Laurent et, le 28 juin 1609, enfile la rivière des Iroquois (Richelieu), qu'il a déjà vue en 1603. Cette rivière le mène à un lac immense (Champlain). Le 29 juillet, arrivé au bout de ce lac, à Ticonderoga (aujourd'hui Crown Point, dans l'État de New York), et accompagné de Hurons, d'Algonquins, de Montagnais et de deux Français, Champlain se trouve devant une bande d'Iroquois hostiles. Il fait tonner son arquebuse. Deux guerriers iroquois tombent. Les autres prennent la fuite.

Un mois plus tard, en septembre 1609, à peu de distance de là vers le sud, des colons suédois débarquent sur des terres du futur Delaware, et Henry Hudson, un Anglais passé au service des Pays-Bas, explore pour ses nouveaux maîtres une rivière qui portera son nom. Hudson conclut à Albany (État de New York) une alliance avec les Iroquois.

Le roi Jacques Ier d'Angleterre tente aussi d'établir une colonie sur le continent américain. Le 13 mai 1607, trois petits vaisseaux ont remonté la rivière James, en Virginie, et déposé sur une île cent quatre hommes et garçons. Les colons anglais ont bâti dans la forêt quelques cabanes qu'ils ont entourées d'une palissade. Les Powhatans n'étaient pas réjouis de voir cette tribu étrangère s'approprier leur territoire. Plus de la moitié des colons, durant leur premier hiver à Jamestown, furent victimes de la fièvre ou des Indiens. La Virginia Company recruta d'autres colons.

Ils sont cinq cents à Jamestown au début de cet hiver 1609-1610, qui est encore plus brutal… Au printemps, il n'en reste que soixante. Malades, découragés, ils réclament leur retour en Angleterre. Quand leur vaisseau est sur le point de sortir de la baie de Chesapeake, un autre bateau survient, arrivant d'Angleterre avec de la nourriture, des colons, des munitions, des marchandises. Son commandant réussit à persuader ceux qui quittaient de revenir à Jamestown. Bientôt, cette petite communauté élit les membres d'une assemblée inspirée de la Chambre des communes de Londres.

13

Un « *florissant empire pour la France* »

Henri IV de France a relancé la conquête du Nouveau Monde. Catholiques et huguenots y participent. Jean de Biencourt de Poutrincourt revient en Acadie en 1610 avec des colons, des jésuites et des victuailles. La traversée qui a duré deux mois a été troublée par une mutinerie de l'équipage. Descendant enfin à Port-Royal, les colons constatent que l'habitation et le moulin à eau construits par Du Gua de Monts n'ont subi aucun dommage bien qu'ils aient été abandonnés pendant trois ans. Aussitôt, les colons labourent le sol et les jésuites catéchisent les Sauvages avec tant de persuasion que leur chef Membertou et vingt autres membres de sa tribu demandent le baptême. Dès l'automne, Poutrincourt s'empresse, sur un navire bourré de fourrures, d'aller rapporter au roi son succès.

Il revient au printemps suivant sur une mer défavorable. La traversée dure quatre mois. Pour survivre, les passagers ont consommé les provisions destinées à la colonie. Dès son arrivée, Poutrincourt est forcé d'aller chercher des vivres chez les Malécites, de l'autre côté de la baie Française. Lui ayant raconté qu'ils ont reçu la visite de trois vaisseaux français, les Amérindiens se plaignent d'avoir été escroqués par les matelots. L'un d'eux a même tué une femme. Un autre a enlevé une femme et s'est enfui avec elle sur son bateau. Poutrincourt lance quelques hommes à sa poursuite. Robert Gravé du Pont, le coupable, est repéré à l'île de Caton, sur la rivière Saint-Jean, où il a établi un poste de traite. Cet homme connaît les langues indigènes. Le père

Pierre Biard, missionnaire, a si grand besoin des services d'un interprète qu'il l'absout de ses fautes. Un saint homme a souvent besoin d'un mécréant…

À Port-Royal, la vie est idyllique. Les maisons de bois rappellent aux colons celles de leurs villages en France. Ils ont souvent, entre eux, des liens de parenté. Les colons font reculer la forêt ; ils ont construit des digues sur les terres basses qui sont maintenant à l'abri des fortes marées. Dans les champs, le grain pousse généreusement. Les potagers débordent de légumes. On entend le forgeron battre le fer à l'enclume. On a construit un four à chaux et, au bord de la rivière, un moulin à farine. Il y a de la truite dans le ruisseau, du gibier dans les bois, des moules sur les laisses. Les enfants des colons partagent leurs jeux avec les enfants des Sauvages ; avec eux, ils apprennent à être sensibles au vent qui change, à lire les traces dans la boue, à remarquer l'herbe, les broussailles foulées. Comme eux, ils maîtrisent les canots en écorce de bouleau. Ils apprennent aussi leur langue.

L'hiver, les colons se réunissent devant un couvert en étain, autour d'une longue table, pour les soupers de l'Ordre de Bon Temps. On y boit bien, on y déguste des moules, du gibier, des queues de castor fricassées, du nez d'orignal bouilli. L'avocat et poète Marc Lescarbot est sûr qu'en Acadie « l'argent, l'airain, le fer » se cachent dans « les forêts épaisses » et que, dans les « veines » du sol, l'on trouvera « la riche mine d'or ». Déjà, il imagine la terre couverte de blé et de vigne, « mille grans troupeaux » paissant le long des rivières, entre villes et bourgades… Lescarbot a écrit une pièce de théâtre ; le sieur de Biencourt de Poutrincourt en a composé la musique. Le dramaturge prédit un « florissant empire pour la France ».

Le chef Membertou meurt. Il a exprimé naturellement sa volonté d'être enterré parmi ses frères dans le cimetière des Micmacs. Les jésuites s'opposent à cela : puisque le cimetière des Sauvages n'est pas consacré, il n'est pas catholique comme le chef. Les Micmacs réclament sa dépouille. Des querelles éclatent : entre les jésuites et les Sauvages, entre les colons, entre les jésuites et les colons, entre les Sauvages et les colons. Puis les contrariétés s'accumulent. Les dépenses croissent plus vite que les revenus. En 1612, malgré l'aide généreuse de la pieuse Antoinette de Pons, marquise de Guercheville, Poutrincourt ne peut rencontrer ses obligations financières ; il est emprisonné en France pour dettes impayées.

14

Parcourant le pays comme on lit un livre

Malgré leurs échecs répétés au Brésil, les Français n'abandonnent pas leur ambition d'arracher aux Portugais une partie de cette terre fortunée. Trente ans après la destruction du fort Coligny, Adolf Montville y a bâti un fort en 1590 ; il y a ouvert un comptoir. Pendant près de quinze ans, la colonie s'est peuplée lentement. Les Français vivaient en paix avec les indigènes. Mais leur colonie d'Ibiapaba a été rasée en 1604 par Pero Coelho. Malgré ces pénibles souvenirs, le rêve d'une colonie française au Brésil ne meurt pas.

En 1612, alors que Louis XIII, à onze ans, est sous la régence de Marie de Médicis, trois vaisseaux, sous le commandement de François de Razilly, quittent le port breton de Cancale pour le Brésil. Quand ils mouillent l'ancre à la grande île de Maranhão, d'autres navires français y sont déjà. Des Français du Havre et de Dieppe sont occupés à troquer avec les indigènes. Razilly construit un fort. Le rêve de la France antarctique a été brisé… ici naîtra la France équinoxiale ! Ici, l'on bâtira sa première ville, Saint-Louis (aujourd'hui São Luis) : d'abord un couvent pour les pères capucins qui accompagnent Razilly. Trois cents autres Français viennent se joindre à la colonie de Maranhão.

Les Portugais ont remarqué la recrudescence de navires de France. Encore une fois, ils sont déterminés à se débarrasser de ces envahisseurs insistants. Le 1er novembre 1615, neuf navires portant plusieurs centaines de Portugais débarquent sur l'île de Maranhão. Les Français se rendent sans combattre. Au sud du Nouveau Monde, leur rêve est une fois de plus brisé. Il leur reste le nord.

Le 8 octobre 1612, Samuel de Champlain a été nommé par Louis XIII lieutenant pour la Nouvelle-France. Le roi lui a demandé de « trouver le chemin facile pour aller par dedans le dit païs au païs de la Chine & des Indes Orientales ». Champlain a compris que la Nouvelle-France n'aurait d'importance aux yeux du roi et de la cour que si elle menait à ces pays mythiques. Les Sauvages lui indiqueraient la route… Mais d'abord, il devait « prendre quelque domination sur eux ».

En juillet 1615, guidé par l'un d'eux et accompagné de quatre Français, Champlain part à la recherche du chemin pour aller au « païs de la Chine & des Indes ». Il remonte la rivière des Outaouais. Faisant des portages entre les épinettes serrées et assailli par des nuées de maringouins, le géographe perd son astrolabe. À l'île aux Allumettes, l'un de ses hommes, Nicolas de Vignau, qui se vantait d'avoir vu de ses yeux la Grande Mer du Nord, lui confesse avoir menti. Champlain s'emploie à apprivoiser les Algonquins de l'île : comme leurs terres sont de pauvre qualité, pourquoi ne viendraient-ils pas s'établir sur des terres plus fertiles, au sault Saint-Louis (les rapides de Lachine) ? Certains sont prêts à accepter son invitation si les Français leur construisent un fort.

Après les rapides de l'île aux Allumettes, Champlain remonte la rivière « Matouan » (Mattawa). Il visite des villages hurons, il participe à des pêches, à des chasses, à des tabagies. Marchant vers le lac Nipissing, il apprend à connaître les petits fruits de la forêt, comment les faire sécher pour s'en nourrir durant l'hiver. Il note des renseignements au sujet des citrouilles. Il s'attarde à des « citronniers » : le fruit est bon mais, apprend-il, sa racine est empoisonnée ; les Hurons la mangent lorsqu'ils ne veulent plus survivre à leur peine. Champlain s'intéresse à leurs façons de guérir les maladies, à leurs rites funéraires, à leurs « enchanteurs & devins » qui prédisent non seulement l'avenir des vivants mais aussi celui des morts. Émerveillé devant l'immensité du lac des

Hurons, il l'appelle « Mer douce ». Il assiste à une cérémonie de Fumée sacrée, célébrée dans la maison longue. Il observe de quelle manière ces tribus éloignées traitent entre elles, comment elles font et défont leurs alliances.

Le 17 août, Champlain débouche sur le lac Cahiagué (Simcoe). Les Hurons l'accueillent avec une « grande alegresse » et l'invitent à se joindre à leur coalition contre les Iroquois et leurs alliés, les Flamands de la Nouvelle-Hollande, qui font la traite « sur le quarantième degré ». Champlain est curieux de « savoir des nouvelles de ce pays là » tout en observant comment les Hurons font la pêche : entre le lac Cahiagué et le lac Couchinchine, ils bloquent le canal avec des claies de branches, laissant d'étroites ouvertures où ils tendent leurs filets.

En vue de l'assaut contre les Iroquois, cinq cents guerriers hurons doivent s'amener de divers villages pour se joindre aux Hurons de Cahiagué (Hawkstone, en Ontario). Arriveront-ils tous à temps ? Le 10 septembre, une gelée blanche couvre le sol. Les Français franchissent le lac Cahiagué, puis le lac à l'Esturgeon (Sturgeon Lake) qui n'est pas moins vaste. Ensuite, par voie de terre, ils portent sur leurs épaules canots, bagages et armes. Parfois ils suivent des sentiers bien tracés, souvent ils doivent ouvrir un passage. Les Sauvages font la chasse au cerf et à l'ours, les « tuënt facilement avec des lames d'espées, emmanchées au bout d'un bois ». Champlain destinait un coup d'arquebuse à un cerf, mais c'est un Huron qui est blessé. Craignant que les Sauvages ne se retournent contre lui, il les apaise en distribuant quelques présents. Traversant des vignes, l'explorateur goûte les raisins mûrs et leur trouve une « aigreur fort acre ». L'expédition atteint la longue baie de Quinté dont les eaux se dégorgent dans un autre grand lac (Ontario). Ils sont entrés en pays iroquois.

Pour se dissimuler aux ennemis et n'être pas exposés au vent qui pousserait leurs canots légers vers le large, ils marcheront. Quatre jours plus tard, ils atteignent, plus au sud, l'embouchure de la rivière Chouaguen (Oswego), puis le lac Oneida. Le 9 octobre 1615, ils sont à quatre lieues des ennemis. Des éclaireurs hurons ont capturé des Iroquois : quatre femmes, trois hommes, trois garçons et une fille. Ayant vu le chef huron couper un doigt à l'une des femmes, Champlain l'exhorte à ne plus jamais « se porter cruel envers les femmes, qui n'ont défense aucune que leurs pleurs, lesquelles à cause de leur imbécilité & faiblesse, on doit traiter humainement ». « C'est de cette manière que les Iroquois traitent leurs prisonniers », explique le chef huron, qui a exercé sa vengeance. Puisque ce châtiment a déplu au chef français, il promet de ne torturer désormais que les hommes.

Le lendemain, Français et Hurons surgissent devant le fort des Iroquois, à Onondaga (Perryville, État de New York). De forme précisément hexagonale, entourée d'un fossé, une palissade haute de dix mètres entoure les cabanes assemblées de manière géométrique. La palissade est pourvue d'une galerie d'où les guerriers peuvent décocher leurs flèches et d'un réseau de gouttières qui arroseront les feux allumés par les attaquants.

Même si tous les alliés qu'espèrent les Hurons ne sont pas encore arrivés, Champlain a de la peine à faire patienter les guerriers devant le fort iroquois. Avec « des parolles assez rudes », il les prévient que leur « fantaisie » pourrait causer leur défaite. Surgissant hors de leurs murs, des Iroquois se ruent sur les Hurons. Champlain leur fait voir et entendre « ce qu'ils n'avaient jamais vu ni ouï ». Les arquebuses tonnent, les balles sifflent. Les Iroquois retournent au fort, emportant morts et blessés.

Champlain explique comment ils vont s'emparer du fort. D'abord, ils construiront un cavalier : une plate-forme montée sur de hautes jambes qui dominera le fort. Sur le cavalier, protégés derrière un muret, quatre ou cinq arquebusiers feront feu par-dessus la palissade des Iroquois. Ils construiront aussi des mantelets. Parés contre les flèches iroquoises par ces abris portatifs, des hommes iront briser les gouttières de la palissade ; ainsi les Iroquois ne pourront éteindre les feux allumés par les Hurons.

Quand le cavalier est terminé, deux cents Hurons, « les plus forts », le transportent devant la palissade. Les assiégés tentent de les faire reculer avec « un grand nombre de flèches & quantité de pierres ». Les Hurons n'écoutent pas les commandements de Champlain, agissent en désordre, mettent le feu à la palissade, mais les gouttières, qui n'ont pas encore été brisées, déversent des « ruisseaux ».

Après trois heures de combat, Champlain, atteint de deux flèches à une jambe, est incapable de marcher. Les Hurons reculent. Ils tressent des paniers pour transporter leurs blessés à la façon dont les femmes portent leurs enfants. Plaçant au centre de leur armée les vieilles personnes et les blessés, ils les encadrent de guerriers armés : c'est « tout ce que j'ai vu de bon en leur guerre », commente Champlain qui, porté dans l'un des paniers, reprend le sentier pour une marche de trente lieues. Le 18 octobre, vent, grêle et neige s'abattent sur eux. Champlain est soucieux : retrouveront-ils les canots qu'ils ont cachés dans les broussailles ?

15

« Un singulier plaisir en cette chasse »

Que se passe-t-il à Québec ? Quelles sont les nouvelles de la France ? Pour Champlain, le temps est venu de rentrer à l'habitation. Il a besoin de guides et de canots. On lui répond que tous les Hurons sont occupés et qu'ils ont besoin de la totalité de leurs canots. « Pourquoi tant d'ingratitude et de mauvaise volonté ? » s'impatiente Champlain. Ses arquebusiers n'ont-ils pas combattu avec les Hurons ? Un chef lui offre sa cabane, des vivres, d'autres « commoditez ». Champlain discerne peu à peu que les Hurons craignent un retour des Iroquois et désirent que Champlain et ses arquebusiers demeurent avec eux. Un chef l'invite à une chasse au cerf. Champlain accepte.

Là où ils ont aperçu des cerfs, les Hurons plantent une clôture de bois de forme triangulaire dont les côtés mesurent mille cinq cents pas. L'un d'eux est tout ouvert, pour former un entonnoir. À la pointe du triangle, une ouverture d'un mètre et demi donne accès à un enclos exigu. À l'aube, les chasseurs postés à une demi-lieue de ce piège s'alignent silencieusement en gardant, l'un de l'autre, une distance de quatre-vingts pas, puis, tous ensemble, ils se mettent en marche vers le côté ouvert de la clôture, frappant des bâtons l'un contre l'autre pour faire du tapage et imitant des hurlements de loups. Effrayés, les cerfs se précipitent vers l'enclos où ils entrent pour n'en plus sortir. Champlain dit éprouver « un singulier plaisir en cette chasse ».

Le 4 décembre 1615, les Hurons repartent pour leur village de Cahiagué, tirant leurs bagages sur de curieux véhicules qui glissent sur la neige, la glace. Champlain note comment sont faites ces traînes : deux minces planches relevées à l'avant sont tenues parallèles par des traverses auxquelles elles sont attachées par de fines lanières de cuir. Survient un dégel inhabituel. Les voyageurs pataugent pendant quatre jours jusqu'au « genouïl » dans la boue glaciale. Après dix-neuf jours de marche, ils arrivent à destination.

Quelques jours plus tard, Champlain retrouve à Carhagouha (Lafontaine, Ontario) le père Le Caron qui, depuis un an, vit chez les Hurons pour apprendre leur langue. Il rédige un dictionnaire pour la traduction française. Au milieu de janvier 1616, Champlain et le père Le Caron entreprennent une marche de deux jours pour aller offrir l'amitié des Français aux peuples du Pétun, au sud de la baie Nottawasaga. Ils ne sont pas les bienvenus dans ce village, car les sorciers redoutent la sorcellerie du père Le Caron. Plus loin, au fond de la baie Géorgienne, Champlain rencontre les Cheveux-Relevés qui, l'été, apprend-il, vivent absolument nus. Les Cheveux-Relevés traitent avec des nations qui vivent de « quatre à cinq cents lieuës » de leurs villages et rapportent des marchandises exotiques qu'ils troquent aux peuples du Pétun. Champlain tente de savoir s'ils connaissent la route vers la Chine.

Le navigateur veut ensuite rencontrer les Neutres au nord du lac Érié. Forts de quatre mille guerriers, les Neutres vivent en paix avec les Cheveux-Relevés, les Iroquois, les Algonquins et les Hurons. Les Cheveux-Relevés le dissuadent d'aller visiter les Neutres : l'année précédente, un Français a tué l'un de leurs guerriers. Les Neutres pourraient se montrer revanchards. Champlain bifurque alors vers le pays des Népissingues, qui ont combattu avec lui contre les Iroquois, mais on le réclame pour ramener la paix au village de Carhagouha.

Les Hurons avaient remis au chef algonquin un prisonnier qui méritait un châtiment. Découvrant en ce prisonnier un très habile chasseur, le chef algonquin lui avait pardonné et le traitait comme son fils. Alors un Huron, fâché par ce privilège, a tué le prisonnier, et les Algonquins ont tué l'assassin. Offensés par la mort d'un des leurs, les Hurons ont pillé les cabanes des Algonquins et blessé leur chef. Champlain amène les deux partis à s'entendre sur le prix de la paix : les Algonquins donneront deux femmes aux Hurons ; ensuite les deux tribus échangeront des colliers de coquillages, des chaudières et des haches.

Le 22 mai 1616, Champlain quitte ses hôtes des pays de la « Mer douce ». Six semaines plus tard, il s'arrête au sault Saint-Louis pour y visiter les Algonquins venus s'y installer à la suite de son invitation. Revenu à Québec le 11 juillet, il s'embarque neuf jours plus tard pour aller faire part de ses découvertes au roi de France et surtout pour lui demander des colons. Québec ne compte alors qu'une cinquantaine d'habitants.

16

Une bande de Français résolus

En 1611, Jean de Biencourt de Poutrincourt, lieutenant-gouverneur de l'Acadie, est parti en France en quête de vivres, de soutien financier et de colons. Il a été emprisonné pour dettes impayées. Son fils, Charles de Biencourt, âgé de vingt ans et vice-amiral des mers de la Nouvelle-France, le remplace. Ayant grandi à Port-Royal parmi les Micmacs, connaissant leurs façons, le jeune homme veille aux intérêts de la minuscule colonie. Il assigne les tâches, apaise les chicanes et protège de son mieux le monopole des investisseurs. Un schisme déchire la petite communauté. Tandis que Biencourt et ses partisans demeurent au fort, les jésuites et leurs fidèles partent construire un établissement à l'embouchure de la rivière Pentagouët.

Le gouverneur de la Virginie revendique alors pour la Couronne anglaise les terres qui s'étendent de la Floride jusqu'à la moitié supérieure de l'Acadie. Pour défendre cette conviction, le *Treasurer* et deux vaisseaux plus petits apparaissent, à la fin d'octobre 1613, dans le bassin de l'Annapolis. Le capitaine Samuel Argall vient déloger la colonie française. Argall et ses hommes mettent pied à terre dans un Port-Royal déserté. La moisson a déjà été engrangée; les colons sont occupés à cueillir des racines et à couper du bois pour l'hiver. Quant à Biencourt, il est chez les Micmacs avec son cousin Charles de La Tour et quelques compagnons. Ne rencontrant aucune résistance, Argall choisit les cochons les plus gras, les chevaux les plus costauds, les poulains les plus vigoureux et les prend sur ses vaisseaux. Il pille les munitions, les provisions, il arrache les armoiries du roi de France au-dessus de la porte de l'habitation. Il met le feu aux maisons et aux bâtiments, puis cloue aux arbres des placards proclamant l'appartenance anglaise de ce territoire et repart avec les quelques personnes qu'il a surprises au village.

Alertés par les Micmacs, Biencourt et La Tour se dépêchent de revenir à Port-Royal. Devant tant de dévastation, que feront-ils ? Ce sera l'hiver dans quelques semaines. Le jésuite Pierre Biard leur conseille de passer du côté des Anglais, même s'ils sont hérétiques. Les colons refusent cette proposition. Les uns retournent amasser des provisions, cueillir des fruits sauvages, des racines et du lichen, ou prendre du gibier au piège. D'autres demandent l'hospitalité aux Micmacs. Certains entreprennent le long voyage vers les établissements français sur le Saint-Laurent.

Poutrincourt, de sa prison en France, réussit à convaincre des armateurs huguenots de La Rochelle d'investir en Acadie. Libéré en 1614, il revient aussitôt à Port-Royal, où il ne trouve que « ruine, misère, désolation ». Vieil homme de cinquante-sept ans, désenchanté, abattu, Poutrincourt se résigne à regagner la France avec presque tous les survivants. Il meurt peu de temps après.

Son fils, Charles de Biencourt, et Charles de La Tour ont grandi en Acadie. C'est leur pays. Ils ne reculeront pas devant quelques corsaires anglais ! Avec leurs vingt-cinq compagnons – la population française tout entière de l'Acadie –, ils déménagent sur la pointe sud-est de la Nouvelle-Écosse, à cap Sable (cap Nègre), où ils vivent à la manière des « gens du pays ». Torse nu durant l'été, enveloppés de fourrure l'hiver, ils dorment sur des tas de branches de conifères. Ils ne craignent ni poux ni autres parasites. Ils se nourrissent de viande de gibier à demi-rôtie, coupée en lanières. Ils transportent de la sagamité dans un grand faitout posé dans leurs canots : ils peuvent ainsi manger sans descendre de leurs embarcations, qui ont la pointe retroussée comme celles des Micmacs. Ces colons ont appris d'eux tout ce dont ils ont besoin pour vivre en ce pays.

Les fiers Micmacs marchent la tête haute. Ils croient que la terre appartient à tout ce que le Créateur y a placé : caribous, castors, poissons, loups, canards, phoques, hommes et femmes, tous peuvent prendre à la terre ce dont ils ont besoin, mais sans en abuser. Ils croient en un Manitou chez qui résident le bien et le mal. Ils sont aussi très astucieux dans leurs transactions.

Comme Biencourt détient le monopole de la fourrure, les Acadiens vivront de la traite ! Ils vendront à la France les peaux de bêtes dont son industrie a besoin et ils échangeront, jusque dans les pays hurons éloignés, les produits de France : armes, munitions, ustensiles, tissus. Biencourt ouvre un poste au sud de ce qui deviendra Yarmouth pour contrer les braconniers. À cet endroit, de longs doigts de terre s'avancent dans la mer : une configuration propice au braconnage. Biencourt, La Tour et leurs compagnons ont de fréquentes algarades avec ces trafiquants qui, ayant jeté l'ancre dans les eaux peu profondes entre les anses rocheuses, se hâtent de remplir leurs cales des fourrures apportées par les Sauvages et s'esquivent.

Louis XIII, en 1618, est un adolescent impatient ; il affirme son indépendance face à la régente, sa mère Marie de Médicis, qui est préoccupée par les intrigues politiques autour d'elle et de son fils. La France a peu d'appétit pour le Nouveau Monde. Biencourt prévient la royauté que, sans un soutien plus énergique à son entreprise, les Français seront expulsés. Biencourt s'efforce de démontrer au ministère des Colonies que les Anglais sont de plus en plus nombreux en Nouvelle-Angleterre, en Virginie et aux Bermudes.

Le *Mayflower* d'Angleterre accoste en 1620 à ce qui sera bientôt la colonie de Plymouth (Massachusetts). Trente-cinq dissidents puritains et soixante-six colons choisis par la Trade Company arrivent en famille avec enfants, bestiaux, chats, chiens, oiseaux en cage. Ils déménagent en Amérique avec la détermination de travailler, de prospérer et de se gouverner eux-mêmes par des lois justes devant lesquelles tous seront égaux pour le bien commun de la colonie. Voilà l'alliance à laquelle ils ont adhéré.

À Londres, le poète de la cour, l'Écossais William Alexander, qui a contribué à la traduction de la Bible du roi Jacques (publiée en 1611), un membre éminent de la Loge maçonnique de la Saint-Mary's Chapel, rêve de fonder une nouvelle Écosse au Nouveau Monde. Cette colonie ouvrirait un débouché aux Écossais qui, pour gagner leur pain, n'auraient plus à s'engager comme mercenaires dans les armées étrangères. Alexander est convaincu que cette colonie serait prospère, comme le sont devenus les comtés du nord de l'Irlande récemment repeuplés d'immigrants écossais.

Jacques Ier, roi d'Angleterre et d'Écosse, favorise le projet de William Alexander – il débarrassera son royaume de « cette race de gens » qui, « dans le passé, ont causé tant de problèmes là ». En 1621, Jacques Ier concède à sir William Alexander tout le territoire qui couvre ce qui sera plus tard le Nouveau-Brunswick, la Nouvelle-Écosse, l'Île-du-Prince-Édouard, l'est du Québec et le nord du Maine. Pour les Français, un important segment de ce territoire se nomme l'Acadie. Un accord, écrit dans une calligraphie très serrée sur une peau d'agneau et signé par Jacques Ier en 1622, autorise des paiements au poète Alexander pour l'envoi d'un « bon bateau », le *Planter*, afin d'établir une nouvelle Écosse.

Au port de Kirkcudbright, au sud-ouest de l'Écosse, le capitaine du *Planter* a de la peine à recruter des familles prêtes à s'exiler au-delà des mers… Puis, une fois le bâtiment en route, les catastrophes s'enchaînent. Près de l'île du cap Breton, la mer semble s'opposer au passage du *Planter*. Le capitaine, qui ne veut pas risquer de perdre son vaisseau, met le cap sur Saint-Jean (Terre-Neuve), où il largue les colons et rentre en Angleterre. Plusieurs d'entre eux ne survivent pas à l'hiver. Est-ce la fin du rêve du poète, dont les vers promettaient « un monde de bonnes merveilles » ?

Charles de Biencourt décède en 1623. Son cousin Charles de La Tour, trente ans, que ses compagnons reconnaissent comme nouvel administrateur de l'Acadie, aperçoit de plus en plus de vaisseaux anglais, basques et hollandais qui maraudent dans les eaux françaises. Même des vaisseaux français viennent y troquer sans aucun respect pour son monopole. En 1627, les Anglais fondent des postes sur les rivières Kennebec et Saco, à trois cent vingt kilomètres au sud. Depuis cap Sable, Charles de La Tour appelle le ministre Armand Jean du Plessis de Richelieu à son secours : « un si beau et bon pays » est en danger. Depuis quatre ans, il n'a reçu aucune aide de la France. Déterminé à se défendre avec ses trois modestes navires, une centaine de familles de « gens du pays » et une petite « bande de Français résolus », Charles de La Tour requiert une commission officielle lui conférant la responsabilité de défendre l'Acadie.

17

Les Anglais viennent à Québec

En 1627, Charles Ier, roi d'Angleterre, d'Écosse et d'Irlande, vient à la rescousse des huguenots français dans leur lutte contre les forces de Louis XIII. Six mille soldats anglais descendent sur l'île de Ré et deux flottes assiègent la ville forte de La Rochelle. L'été suivant, les frères David, Lewis et Thomas Kirke, dans leurs trois navires, remontent le Saint-Laurent. Sur l'île Miscou et à Tadoussac, leurs hommes incendient les cabanes des habitants, quelques chapelles, des caches de blé et des étables. Ils brûlent des pinasses de pêche, abattent des bestiaux. L'un d'eux arrache même son bonnet à une fillette. Au cap Tourmente, le 9 juillet, ils saccagent deux corps de logis, une étable et un caveau à légumes. Cependant, craignant une forte défense, les Kirke ne se risquent pas à Québec. Ils délèguent plutôt des pêcheurs basques qui viennent porter à Champlain, dans son habitation, une sommation de leur livrer Québec et de le faire « plutôt de courtoisie que de force » afin d'éviter que le sang ne soit « répandu des deux côtés ».

Dans sa réplique aux Kirke, Champlain fait valoir que si les Français se rendaient, ils ne seraient « pas dignes de paraître hommes devant notre roi » et mériteraient « un chastiment rigoureux devant Dieu et devant les hommes ». Il conclut : « La mort en combattant nous sera honorable. » Enfin, il se vante d'avoir des réserves de « bled d'Inde », de grain, de pois, de fèves et de « ce que le pays fournis ». C'est un mensonge tactique.

Les Kirke ne s'avancent pas plus loin que Tadoussac. Faisant « bon guet », ils confisquent les barques des pêcheurs et abordent tout voilier qui paraît sur le fleuve. Ils ne soupçonnent pas que les « barricades » autour de l'habitation de Québec sont inachevées et qu'il n'existe à peu près pas de « retranchements » autour du fort. Champlain dispose de moins de cent hommes mal nourris : il ne peut leur donner que sept onces de pois par jour, des galettes rassises et des fèves. Les femmes et les enfants en reçoivent un peu moins. Il n'y a plus de sel. Pour ses bateaux, il ne reste à Champlain ni cordages, ni voiles, ni goudron, ni étoupe. Quand il doit calfater sa chaloupe, un jeune homme d'origine grecque que Champlain envoie, déguisé en Sauvage, espionner les Anglais à Tadoussac, fait tremper des chiffons dans l'huile d'un loup-marin. Champlain n'a plus que cinquante livres de poudre à canon et presque plus de mèche. « Dénué de toute commodité », il se voit en plus trahi par des « Français perfides » qui passent aux ennemis, « Anglois ou Flamands » de la Nouvelle-Hollande, un village situé au quarantième degré sur la côte, sur une île (Manhattan). Les Sauvages la leur ont vendue l'année précédente pour quelques colliers et bracelets de verre.

Les frères Kirke saisissent, le 13 juillet 1628, quatre navires arrivant de France avec des colons, des vivres, des armes et des munitions. L'affrontement a duré plus de quatorze heures. À la fin, manquant de balles, les Français ont tiré le plomb de leurs lignes à pêcher. À l'issue du combat, les Français ne rapportent que deux victimes ; chez les Anglais, seul un trompette a été touché par une balle qui lui a déchiré une main. L'un des vaisseaux dont se sont emparés les frères Kirke appartient à la reine Élisabeth Ire ; les Français l'avaient pris lors d'un abordage précédent. Revenu au sein de la flotte anglaise, il combattra à l'avenir « pour la vraie foi », comme le chante, inspiré, Martin Parker, un poète de l'époque. Ces quatre navires tant espérés par Champlain et ses gens ne parviendront pas à Québec. Arborant maintenant pavillon anglais, sous les ordres des frères Kirke, ils voguent vers l'Angleterre.

Quand parvient à Paris la nouvelle que les frères Kirke ont capturé des vaisseaux français et qu'ils ont tenté d'attaquer

Québec, ces traîtres qui sont passés au service de la Couronne anglaise sont brûlés en effigie. Les Kirke sont nés à Dieppe. Leur père était un marchand anglais, leur mère était française.

En Angleterre, les frères Kirke, revenus victorieux du « Canaday », sont des héros : le poète Martin Parker écrit une ballade qui célèbre leurs exploits :

Contre nos vantards ennemis de France,
Que tout vrai Anglais applaudisse ce travail. [...]
Amen, s'écrient tous ceux qui professent la Foi.

À Québec, les colons prient pour que la récolte soit miraculeuse dans les champs du fermier Louis Hébert ou ceux des Récollets. On n'a plus de farine. Champlain fait construire un moulin à bras puis un moulin à eau pour moudre les pois secs. Les Français n'ont pu dissimuler leur pénurie de vivres aux indigènes, qui exigent beaucoup en échange des poissons et anguilles qu'ils apportent. Les colons troquent vêtements et outils contre de la nourriture. Le temps est venu d'abattre des arbres pour se chauffer durant l'hiver, ensuite il faut transporter le bois. Voilà des tâches épuisantes pour des hommes qui ont le ventre creux. Un groupe d'hommes part à la chasse. Ils tuent un orignal et le dévorent « comme des loups ». Ces chasseurs « sans honneur et civilité », juge Champlain, ne rapportent à l'habitation que vingt livres de viande.

« Plutôt que de mourir les uns pour les autres à l'Habitation », Champlain songe un moment à s'emparer d'un village iroquois où il y a du maïs…

18

Les Anglais reviennent à Québec

Si les premiers vaisseaux qu'il aperçoit au printemps sont anglais, Champlain appréhende « une plus grande secousse que l'an dernier ». S'ils sont français, leurs capitaines traiteront eux-mêmes avec les Sauvages, « comme ordinairement il y en va tous les ans », et à la fin il restera peu d'approvisionnements pour les colons de Québec. De la centaine de personnes qui vivent à l'habitation, il pourrait « en mourir beaucoup », s'inquiète-t-il. Il envoie son commis Thierry Desdames à Gaspé et aux ports de la côte avec un message pressant : les capitaines des navires de pêche français doivent impérieusement prendre à leur bord quelques-uns des gens de Québec. Desdames appréhende que ses matelots ne voudront plus revenir à Québec quand ils auront rencontré un bâtiment français. Champlain en remplace la moitié par des hommes qui ont femme et enfants à l'habitation.

Des colons reviennent d'une pêche avec quatre mille morues. À son ami algonquin Juan Chou Capitaine Sauvage, Champlain fait demander du sel pour les préserver. Juan Chou fait porter à Champlain un baril et demi de ce condiment « plus prisé que l'or ». Les parents cherchent pour leurs enfants des racines à ronger, mais ils doivent aller les déterrer très loin du fort, dans la forêt. Et plusieurs sont faibles, malades…

Le jésuite Biard, quelques années auparavant, en 1616, se demandait : comment se fait-il que cette « nouvelle terre », pourtant « jumelle » avec la France, « en mesme parallèle », « située en même climat », ne soit qu'un « horrible désert » ? Comment expliquer la « malencontreuse disette des biens corporels » au Canada ? Et il répondait : c'est à cause de la « malice de Satan qui y règne ». Seul le christianisme, « grand outil de Dieu », dompte-rait « les monstres infernaux » et ferait « d'un désert un paradis », promettait le missionnaire catholique.

Répondant à une requête de Champlain, Louis XIII a décrété en 1618 que, chaque année, trois cents familles nouvelles vien-draient peupler sa colonie. On ne les a jamais vues. Champlain blâme les compagnies qui ont été chargées de son développe-ment. À l'affût de gains rapides, elles imposent aux colons des conditions si lourdes qu'après une quinzaine d'années passées au Canada ils sont aussi pauvres qu'à leur arrivée. Excepté les plus misérables, les familles sont soumises à une capitation. Quand, après tant de labeur, les colons récoltent enfin du grain, ils ne peuvent le vendre qu'à la seule compagnie, au prix qu'elle a fixé. L'habitant revient-il de la chasse avec quelques peaux de bêtes ? Seule la compagnie peut les lui acheter, au prix qu'elle veut bien payer. Quand il est venu s'établir au Canada avec sa famille, l'apothicaire Louis Hébert a vendu sa maison à Paris. Au moment de s'embarquer, à Honfleur, la compagnie lui a annoncé qu'elle avait reconsidéré leur entente mutuelle : ses concessions et son salaire seraient réduits de moitié ; son serviteur et les membres de sa famille devraient travailler sans rémunération au service de la compagnie. Pourquoi cette conduite mesquine ? C'est, se plaint Champlain, pour « tenir toujours le pays nécessiteux et ôter le courage à chacun d'y aller habiter pour avoir la domina-tion entière ». Sur la soixantaine de personnes qui représentent la compagnie dans la colonie, il n'y en a pas plus de dix-huit qui sont occupées à « travailler aux choses nécessaires ». Les autres ne sont pas « des gens de travail », regrette-t-il.

À la mi-juin 1629, les vaisseaux de France ne sont pas encore arrivés, mais des indigènes auraient vu des bateaux à l'ancre le long de la côte. À l'habitation de Québec, on est si « nécessiteux » que pour économiser de la nourriture Champlain échange contre du « bled d'Inde » un prisonnier sauvage soupçonné d'avoir tué quelques Français! L'ami des Français, Juan Chou Capitaine Sauvage, accepte d'héberger une vingtaine de colons.

Des gens qui reviennent d'Acadie ont aperçu huit vaisseaux battant pavillon anglais. Pour accueillir les envahisseurs, Champlain décide de ne garder au fort qu'une quinzaine d'hommes. Ainsi, on aura moins de bouches à nourrir à l'habitation. Son beau-frère Eustache Boulé prend avec lui une trentaine de personnes et des pelleteries. Sa mission est de leur trouver, sur les bateaux de pêche, dans la baie des Chaleurs ou à Gaspé, un passage vers la France, « à quelque prix que ce fut ». Le coût du voyage sera défrayé par les fourrures. Refusant de retourner en France, une vingtaine de passagers descendront à Gaspé.

Ceux qui restent à l'habitation travaillent aux remparts de terre, aux fossés, aux palissades. Mais surtout, il faut chercher de la nourriture. Chasser? Il reste au fort moins de quarante livres de poudre. Si l'on dépense cette poudre, déjà mauvaise, que mettra-t-on dans les mousquets quand surgiront les Anglais? Pêcher? Les filets, les lignes, les hameçons sont rares.

Dans son accablement, Champlain songe à un mémoire qu'il a présenté à Louis XIII en 1618: la Nouvelle-France, faisait-il alors valoir, est un pays « arrousé des plus beaux fleuves du monde ». Par ces voies d'eau, les vaisseaux pourraient « parvenir facilement au Royaume de la Chine et des Indes orientales ». Les droits que Québec prélèverait sur les marchandises en transit rapporteraient « dix fois au moins » plus que toutes les douanes de France. Québec deviendrait, sur le Saint-Laurent, prédisait-il, une ville aussi grande que Saint-Denis, près de Paris, où, depuis Dagobert, mort en 639, sont inhumés les rois de France. Les commerçants de tous horizons découvriraient les richesses « de Canadas »: fourrures, saumons, esturgeons, harengs, anguilles, baleines et marsouins dont on tire de l'huile, bouleaux, sapins, pins de « hauteur esmerveillable », chênes… On produirait du goudron, on cueillerait du chanvre, des racines à teinture, on élèverait du bétail, on exploiterait des mines de fer, de plomb, d'argent, on vendrait des pierres précieuses, on tisserait des toiles, on planterait des vignes. En plus, ce territoire est peuplé d'une nuée d'âmes sauvages que les missionnaires mèneraient à la vraie foi. Le baptême, en plus d'arracher les Sauvages à la damnation éternelle, en ferait des alliés naturels qui fourniraient une main-d'œuvre indispensable.

En 1629, Champlain ne rêve plus… C'est la mi-juillet. Les navires français n'arrivent pas et les Anglais approchent. Parmi ses gens affamés, Champlain se demande comment font les Sauvages. Leur santé est resplendissante. Ils marchent durant des jours sans s'épuiser. Ils n'ont pas de caries aux dents ; ils ne souffrent ni de rhumatismes ni du scorbut. On ne voit chez eux ni ventrus, ni bossus, ni « contrefaicts ». Leur endurance est héroïque : l'hiver, s'il le faut, ils nagent dans l'eau glaciale.

Un indigène vient lui offrir son aide : il ira chez les Anglais troquer des pelleteries contre de la poudre à fusil qu'il lui rapportera. Les indigènes étant « d'une humeur assez variable », Champlain peut-il se fier à cette promesse ? Cela lui donne du « tourment », de savoir que la survie des Français dépend de ces alliés imprévisibles. Le 17 juillet 1629, les Anglais sont au cap Tourmente, à cinquante kilomètres de Québec. Champlain sait que, depuis Tadoussac, ils sont guidés sur les eaux dangereuses du Saint-Laurent par de « meschans Sauvages ». Il a aussi appris que des Sauvages qui lui parlaient « amiablement » ont pourtant aidé les Anglais à tuer le bétail et à piller les maisons sur les côtes.

À l'habitation de Québec, adultes et enfants sont partis à la cueillette de nourriture ; Champlain est seul. À dix heures du matin, son serviteur lui annonce que les ennemis sont à une lieue ! Derrière la palissade inachevée de son fort, sans vivres, Champlain, « impuissant », pourra-t-il éviter de capituler ?

19

« *Cabecke est anglaise* »

Champlain fait hisser un drapeau blanc au mât de l'habitation. Débarquant d'une chaloupe qui s'est approchée de la rive, un gentilhomme anglais vient lui remettre « courtoisement » une lettre. Les deux frères du général David Kirke réclament que soient remis « le fort et l'habitation entre nos mains ». La lettre porte la date de « ce 19. de Iuillet 1629 ». Les capitaines Lewis et Thomas Kirke attendent sa réponse sur leurs navires, avec leurs canons. Champlain la leur donnera le lendemain. Affectant d'être un commandant qui refusera de capituler, il prévient les Anglais de ne pas s'avancer à la portée de ses canons. Le soir même, le capitaine Lewis Kirke vient tenter d'arracher une réponse à Champlain, qui exige de voir la commission des frères Kirke, signée par le roi Charles Ier. Il veut s'assurer que leur demande est l'acte d'une guerre légitime entre Louis XIII de France et Charles Ier d'Angleterre. Après lecture du document, il accepte de négocier les conditions de capitulation.

Champlain exige que les Anglais mettent un navire à sa disposition pour rapatrier en France tous ses « compagnons », les récollets, les jésuites et les deux fillettes qui lui ont été données par un chef indigène – en tout, « près de cent personnes » à qui les Anglais devront permettre de partir « sans aucun empeschement en quelque maniere & façon que ce soit », avec armes, bagages, meubles et toutes « autres commoditez ». Des vivres suffisants pour la traversée devront leur être alloués en échange de pelleteries. Aucune violence ne sera faite à qui que ce soit, « tant aux Religieux & autres ». Une fois ces conditions agréées, « nous mettrons le fort, l'habitation & maisons entre les mains du sieur Guer » (Kirke), promet Champlain.

Lewis Kirke lui refuse le vaisseau qu'il a requis, mais il s'engage à transporter les Français en Angleterre, et de là en France, à l'exception des « deux petites filles Sauvagesses ». Les soldats emporteront leurs armes. Chaque passager aura le droit de prendre ses bagages, ses pelleteries et une robe de castor. Quant aux missionnaires, ils devront se contenter de « leurs robes et de leurs livres ». Ces conditions accordées à Champlain devront être ratifiées à Tadoussac par le général David Kirke.

Le lendemain, le *Flibot*, armé de dix canons, et deux patches armées de six canons sont amarrés devant Québec. Champlain veut connaître pour quelles raisons ses petites Sauvagesses ne peuvent aller en France. Ne sont-elles pas « fort civilisées » ? Elles savent travailler à l'aiguille, même faire de la tapisserie. « De plus, elles désirent aller en France », plaide-t-il. Lewis Kirke se laisse convaincre. Champlain insiste également pour que le capitaine empêche le saccage de la chapelle et des maisons où résident les récollets et les jésuites.

Kirke fait débarquer cent cinquante hommes, demande les clefs du fort et de l'habitation, les remet à son commis Jean Le Bailly, un Français natif d'Amiens passé au service des Anglais pour « les servir et aider à nous ruiner », s'attriste Champlain. Pour lui, Le Bailly n'est pas moins coupable que ces conspirateurs qui, en 1608, ont voulu s'emparer de l'habitation pour la livrer aux Basques ou aux Espagnols. Le capitaine anglais prend possession du fort et de l'habitation. Le Bailly saisit les marchandises du magasin, y compris quatre mille peaux de castor. Quant aux misérables victuailles, Lewis Kirke promet qu'au lieu de les saisir il partagera les siennes avec les colons. Installé dans le logis de Champlain, il insiste « par toutes sortes de courtoisies » qu'il n'aille pas s'installer « hors de Quebec ». Il accepte même que les missionnaires célèbrent la messe.

Au cas où, pour des raisons politiques entre les rois d'Angleterre et de France, le fort conquis serait remis aux Français, Kirke et Champlain font dresser un inventaire : outils, armes, ustensiles, vaisselle, quatorze mousquets, deux arquebuses, dix hallebardes, de cinq à six mille plombs, douze piques, « une vieille tente de guerre », deux « pétarts de fonte verte »… Lewis Kirke refuse cependant de rédiger la liste des biens que ses hommes ont dérobés aux jésuites et aux récollets. Le dimanche 22 juillet 1629, le drapeau anglais est hissé au mât de l'habitation, au-dessus du cadran solaire. Les soldats anglais sont alignés sur les remparts. Roulements de tambours ! Le nouveau commandant de Québec, Lewis Kirke, fait éclater ses mousquets en feu de joie crépitant. Les canons du fort et ceux des vaisseaux tonnent. « Cabecke » est anglaise !

Marie Rollet, la veuve de Louis Hébert, devra-t-elle quitter avec sa fille et son gendre la maison bâtie par son défunt mari qui, en 1618, avait récolté le premier maïs semé en la colonie ? Les colons devront-ils céder aux Anglais les champs qu'ils ont défrichés, labourés, ensemencés ? Ils pourront demeurer sur leur ferme comme sous le régime français, promet le commandant anglais ; ils recevront de l'aide s'ils en ont besoin. Ils pourront même, après la récolte, vendre leur surplus de grains. Pourquoi tant de magnanimité ? s'interroge Champlain. Lewis Kirke, suppute-t-il, est né dans la nation française, et il y est attaché. Kirke souhaite que beaucoup de familles françaises demeurent à Québec parce qu'il aime « mieux leur conversation & entretien que celle des Anglois ».

Ces familles ont peiné durant des années au Canada. Elles ont des enfants. Si elles retournent en France, elles seront sans terre… Que doivent-elles faire ? Se soumettre aux Anglais ? Elles demandent conseil à Champlain. « Il faut avoir plus de soins de l'âme que du corps », énonce-t-il. Sous la Couronne anglaise, les Français seront privés de prêtres. Aussi longtemps que les Anglais seront en ces lieux, ils ne pourront assister à la messe, ni se confesser, ni recevoir la sainte communion. Il n'y aura plus de mariages selon les rites de l'Église catholique. En conséquence, il leur conseille de récolter le blé, d'en faire la traite aux meilleures conditions possibles avec les Sauvages et les capitaines des navires de pêche qui, avant leur retour en Europe, auront besoin de s'approvisionner. Ils pourront aussi vendre aux Anglais des peaux de castor. Ainsi ces familles auront-elles « de l'argent en France » pour les « tirer hors des nécessités ».

En tout, vingt et une personnes (sans compter les domestiques) restent à Québec, y compris Marie Rollet, la veuve Hébert, sa fille, son gendre Guillaume Couillard et leurs enfants, de même qu'Abraham Martin, qui cultive un champ sur les hauteurs.

20

Est-ce la paix, est-ce la guerre ?

Le 24 juillet 1629, Champlain, à bord du vaisseau de Thomas
Kirke, quitte Québec, désormais la « Cabecke » de l'Angleterre.
Le lendemain, ils sont devant la Malbaie. (Il y a quelques années,
Champlain a nommé cet endroit « malle-baye » [mauvaise baie]
parce que certains de ses vaisseaux s'y étaient échoués.) À la vue
du pavillon anglais, un vaisseau français fuit. Le capitaine Kirke
ordonne une bordée. Les Français rétorquent : un de leurs boulets arrache la tête d'un matelot anglais. Les canons répondent
aux canons. « À l'abordage ! » crient les capitaines. Les deux vaisseaux se sont « abordé(s) debout » et non pas de bord à bord, et
une pointe de l'ancre du navire de Kirke s'enfonce dans le vaisseau français. Agrippés l'un à l'autre, ils ne peuvent se séparer,
mais les combattants sont incapables de sauter dans le vaisseau
ennemi. Alors ils se lancent des pierres et autres « choses ». Kirke
informe les Français, en criant, que Champlain, le gouverneur
de Québec, est à son bord. Il leur promet « courtoisie » s'ils se
rendent, mais s'ils ne se rendent pas il les avertit qu'ils mourront
tous. Il demande à Champlain d'aller conseiller à ses compatriotes
de se soumettre. Se profilent alors deux autres bâtiments légers :
ils sont anglais. Le commandant français Émery de Caën capi-
tule. Son vaisseau se dirigeait sur Québec chargé de victuailles
et de marchandises.

Dans la rade de Tadoussac, le général David Kirke fait bon
accueil à Champlain qui, à son grand déplaisir, retrouve son
pilote, le « traître et rebelle » Jacques Michel, qui a guidé les

Anglais sur le Saint-Laurent. Après avoir écouté le rapport de Lewis sur la capture de Québec, David Kirke prend connaissance de l'inventaire des armes, munitions, outils et autres objets de l'habitation. Pourquoi son frère a-t-il accepté de signer ce document ? Quel déplaisir causeront à leurs investisseurs les obligations qui découlent de cet engagement ! Malgré ces réserves, le général David Kirke se réjouit de la capitulation que Lewis a imposée à Champlain. En « ce 19. d'Aoust, Stil neuf 1629 », le général David Kirke et Samuel de Champlain signent le document final de la capitulation de Québec. Après l'Italie, l'Espagne, le Portugal et les Pays-Bas, la France a adopté le calendrier grégorien en 1582 ; voilà pourquoi le document spécifie « Stil neuf ». La Grande-Bretagne ne l'adoptera pas avant 1752.

Avant d'entreprendre la traversée de l'Atlantique, il y a des radoubs à faire tant aux vaisseaux de la flotte des Kirke qu'aux dix-neuf vaisseaux français et basques dont les Anglais se sont emparés. Les hommes abattent des pins pour remplacer les mâts fracturés ; ils scient des planches pour réparer les coques. Ils débitent des bouleaux pour alimenter les poêles. Kirke veut troquer la cargaison que le vaisseau de Caën venait livrer à Champlain. Les Sauvages refusent de donner plus que quatre mille cinq cents peaux de castor et quatre cent trente-deux peaux d'orignal. Additionnées aux quatre mille peaux de castor saisies à l'habitation, c'est encore trop peu, calcule David Kirke, pour rembourser le coût de son expédition. Avec tant de tracas, le général a besoin de distractions. Il invite Champlain à la chasse. Alouettes, pluviers, bécassines, courlieux ; on tue plus de vingt mille oiseaux, rapporte le gouverneur.

Puis il est temps de lever l'ancre. Au regret de Champlain, ses deux petites Sauvagesses ont été ramenées à Québec. Une dizaine de vaisseaux français ont été repérés à Gaspé. Le général Kirke les évitera. Il interdit aux catholiques toute prière publique durant la traversée. Le 18 octobre 1629, les Anglais reconnaissent les petites îles des Sorlingues, au sud-ouest de leur pays. Ils sont presque arrivés. Durant la traversée, onze membres de l'équipage sont morts de dysenterie. Mettant pied à terre à Plymouth le 20 octobre 1629, Kirke et Champlain apprennent que l'Angleterre et la France ont fait la paix. Les deux rois ont conclu le traité de Suse le 24 avril et l'ont ratifié le 16 septembre.

Champlain s'empresse, à Londres, de rendre visite à l'ambassadeur de France ; le 30 octobre, il lui expose que Québec a été prise le 20 juillet, soit trois mois après que la France et l'Angleterre eurent fait la paix. Il lui décrit la misérable situation où s'est trouvée Québec. L'ambassadeur lui explique que, la paix ayant été faite entre la France et l'Angleterre, la situation de Québec ne paraissait plus si urgente, alors les vaisseaux qui étaient destinés à Québec ont été redirigés en Méditerranée où les pirates de Barbarie harcelaient les vaisseaux français.

À Londres, Champlain multiplie les démarches pour faire reconnaître les droits de la France sur ses territoires du Nouveau Monde. Il correspond aussi avec la Compagnie des Cent-Associés, le Conseil des ministres de France, le cardinal de Richelieu. Il écrit au moins cinq mémoires pour l'ambassadeur de France. Il dessine des cartes où il situe les territoires français et leurs établissements au Nouveau Monde. Les Français, répète-t-il, ont été « premiers que les Anglais », qui n'ont « été que sur nos brisées ». Il reproche aux Anglais de chercher à s'emparer « des lieux les plus signalés », osant déposséder les Français de leurs habitations à Port-Royal et à l'embouchure de la rivière Pentagouët. Cette appropriation, dénonce-t-il, s'est faite « contre tout droit ». Les Anglais ont osé donner à des territoires français les noms de « Nouvelle Angleterre » et « Nouvelle Écosse », ils ont même imposé aux sujets du roi de France un tribut sur la pêche pour les écarter de la côte atlantique.

Les Anglais, rappelle-t-il, justifient leurs prétentions par le fait qu'ils ont trouvé en 1584 un lieu auquel ils ont donné le nom de « Virgines » (Virginie). Les Français ne leur disputent pas ce territoire, remarque Champlain. Cependant, ils auraient raison de le faire, car ils sont arrivés les premiers dans « ce pays » de la

Virginie, « descouvert et saisy par Jean Verazan » (Verrazano) il y a plus de cent ans au nom du roi François Ier.

Champlain rappelle que, dans une lettre du 10 avril 1607, Jacques Ier d'Angleterre s'attribuait la propriété du territoire qui s'étend de la Floride jusqu'au cap Breton, affirmant que ces terres n'étaient possédées par aucun prince chrétien. Or, à cette date, argumente Champlain, le roi de France possédait « actuellement et réellement » ces terres. Ce fait est attesté, affirme-t-il, par les voyages qu'il y a faits, par les récits qu'il en a écrits et qui ont été imprimés et publiés. Durant toutes ses explorations, il a dessiné des cartes, souvent illustrées, dont chacun s'est servi et qui ont aussi été utilisées pour corriger les « cartes universelles ».

Les Anglais affirment avoir possédé la Virginie dès 1594, dit-il, mais le chef Opechancanough et ses bandes d'indigènes (des Powhatans) ont massacré le 22 mars 1622, à Jamestown, trois cent quarante-sept colons pour chasser les Anglais de leur territoire. Tout malheureux que fut cet événement, il ne donne pas aux Anglais le droit de s'arroger les terres du Canada. Leur installation sur la rivière Savannah s'étendait, au plus loin, à sept ou huit lieues sur chaque rive ; pourtant, les Anglais s'attribuent la possession d'un territoire trente-six fois plus grand que celui qu'ils ont exploré. C'est « avoir le bras ou plutôt la connaissance bien monstrueuse », s'insurge Champlain. Si les Français employaient ce même argument, les Anglais devraient se retirer des Carolines parce qu'avant eux Jean Ribault et René de Goulaine de Laudonnière s'étaient installés en Floride !

D'autre part, Champlain concède que les Anglais ont découvert des terres, des îles et des passages depuis le cinquante-sixième degré vers le pôle arctique. Giovanni Caboto (Jean Cabot), en l'an 1497, a cherché l'ouverture vers « la Brador ». En 1576, 1577 et 1578, « Martin Forbichet » (Frobisher) a fait des voyages en ces mêmes régions. Sept ans plus tard, le capitaine « Rtehard Vvitaaboux » (Richard Clarke de Weymouth) a conduit « Honfroy Guillebert » (Humphrey Gilbert) et « Étienne

Permenud » (Etienne Parmenius, de la ville de Bude), un savant hongrois, sur la côte nord-est de Terre-Neuve. John Davis découvrit, en 1585, un détroit auquel il donna son nom. En 1590, un capitaine George (peut-être George Waymouth) naviga aussi dans ces régions du nord. Plus récemment, en 1612, un autre capitaine anglais (Henry Hudson) trouva au nord, au soixante-troisième degré, un passage pour « aller aux Indes orientales » tel qu'on le voit sur des cartes imprimées en Angleterre. Cependant, les mappemondes et les cartes imprimées en Espagne, en Italie, en Hollande, en Allemagne et même en Angleterre montrent que la Nouvelle-France s'étend au moins jusqu'au trente-cinquième ou trente-sixième degré de latitude. Il sera difficile, soutient Champlain, d'en effacer la Nouvelle-France, une réalité connue de toute la chrétienté.

Malgré tous ces arguments, malgré la paix qui a été conclue entre la France et l'Angleterre, Charles Ier ne se hâte pas de remettre Québec à la France. D'une part, ce territoire lui semble devoir recéler des ressources intéressantes. D'autre part, ce roi considère Québec comme le remboursement de la dot que Louis XIII, roi de France, a négligé de payer lorsque lui, Charles Ier d'Angleterre, a épousé en 1625 Henriette Marie, fille d'Henri IV.

Après un mois d'efforts à Londres, Champlain rentre en France, le 30 novembre, déçu du « peu de diligence » accordée à sa plaidoirie. Le 11 février « Stil neuf » 1630, Charles Ier fait remettre à l'ambassadeur de France à Londres un document écrit en latin où, dans le cadre de la restitution des « places, navires & biens, qui ont été pris sur les François en Canada », le roi d'Angleterre s'engage à restituer le fort et l'habitation de Québec dans l'état où ils étaient lors de la prise. Si un objet fut emporté par les troupes des frères Kirke, il sera remplacé en espèces ou en valeur. Les fourrures seront aussi restituées.

À ce moment, Louis XIII est occupé à mener une guerre en Italie et son « premier ministre », Richelieu, travaille à raffiner sa stratégie pour la prépondérance de la France sur le continent européen.

Quatre-vingt-dix Anglais ont passé l'hiver à « Cabecke » ; quatorze sont morts, plusieurs sont malades... Quatre d'entre eux sont blessés, au printemps, quand la foudre tombe sur le fort.

Au cas où les Anglais hésiteraient à restituer Québec aux Français, la Compagnie des Cent-Associés requiert de Richelieu la contribution de six vaisseaux et quatre pataches. Informé par ses espions que les Français arment ces bateaux pour appareiller en direction de Québec, Charles Ier est irrité. L'ambassadeur de France tente de le rassurer : ces vaisseaux ne sont armés, assure-t-il, que pour escorter ceux de la Compagnie des Cent-Associés pendant la traversée de l'Atlantique. À son retour de l'Italie, Louis XIII tente lui-même d'apaiser le roi d'Angleterre. Se méfiant des Français, Charles Ier fait armer deux bâtiments qui traverseront l'Atlantique vers Québec. Après tout, « Cabecke » pourrait n'être pas remise aux Français...

21

Le brave et le traître

Durant ce temps, au cap Sable (à la pointe sud de la Nouvelle-Écosse), Charles de La Tour, l'administrateur de l'Acadie depuis 1623, est oublié dans une Acadie oubliée. Personne, en France, ne s'est soucié d'accorder à La Tour une commission officielle. Les colons se sont peu à peu détournés de l'agriculture pour se consacrer à la traite des fourrures.

Claude de La Tour, le père de Charles, avait été attiré dans cette colonie par le rêve d'inépuisables mines d'or et d'argent. Pour financer son entreprise, il avait vendu ses propriétés en Champagne. Il s'est endetté ; incapable de rembourser ses créanciers, il a été emprisonné en France. Libéré grâce à l'intervention de la Compagnie des Cent-Associés, il retourne au cap Sable au printemps 1628. La France n'a plus que ce seul fort pour signaler sa présence en Acadie.

En Angleterre, les frères Kirke ont été informés du retour de Claude de La Tour en Acadie avec une flottille de cinq vaisseaux, quelques centaines de colons, des armes, des munitions et des victuailles. S'étant hâtés d'obtenir des *letters of marque* les autorisant à capturer des bateaux ennemis, ils interceptent les navires de La Tour qu'ils ramènent en Angleterre. Sociable, habile, Claude de La Tour se lie d'amitié avec David Kirke, son ravisseur. David Kirke introduit son sympathique prisonnier à la cour d'Angleterre. Le Français, qui a déjà vécu avec les Sauvages dans les forêts du Nouveau Monde, charme les dames par ses anecdotes. Un homme très curieux du nouveau continent, le poète de la cour

William Alexander, a déjà tenté d'établir une nouvelle Écosse en Amérique. Au printemps 1629, Alexander demande à Claude de La Tour de servir de guide à son fils William, qui ambitionne de réaliser le rêve paternel.

Cette fois, Claude de La Tour s'amènera en Acadie pour fonder une province anglaise sur le territoire que son fils Charles administre au service du roi de France. Alexander et La Tour sont accompagnés de soixante-dix hommes, femmes et enfants, ainsi que d'un noble écossais avec sa famille, qui fuit son pays pour échapper à ses créanciers. À l'été 1630, Charles de La Tour et ses gens observent des vaisseaux qui s'approchent du cap Sable. La France n'a donc pas abandonné l'Acadie... Malheur! Ce sont des bâtiments anglais! Une chaloupe se détache. Charles reconnaît son père. Il ne l'a pas vu depuis longtemps. Claude de La Tour arrive avec de bonnes nouvelles, annonce-t-il à son fils.

Grâce à une convention qu'il a signée avec William Alexander, Claude de La Tour et son « dit fils Charles en ce moment absent » recevront deux baronnies (s'étendant de Yarmouth jusqu'à Lunenburg) où ils jouiront du privilège de bâtir des forts, des habitations, des villes, en échange de la promesse qu'ils seront de « bons et fidèles sujets du dit Roi d'Écosse ». Le père conseille à son fils de quitter ce misérable fort où la France l'a abandonné et de considérer combien l'Angleterre est généreuse envers ses serviteurs.

Charles de La Tour ne se soumettra pas à la Couronne d'Angleterre. William Alexander fait rugir ses canons. Charles et ses hommes résistent. Deux jours plus tard, les attaquants se retirent à Port-Royal. Parmi les nouveaux colons écossais, il y a la troisième épouse de Claude de La Tour, qu'il a conquise à la cour d'Angleterre où elle était demoiselle d'honneur de la reine.

Peu de temps après la désastreuse visite de son père, Charles de La Tour voit venir au cap Sable quatre vaisseaux français, des ouvriers, des artisans, trois récollets et des « refreschissements », du matériel de construction, des armes, des munitions. Une lettre de la Compagnie des Cent-Associés l'enjoint de ne pas céder devant les Anglais « comme plusieurs méchans Français avaient fait ». Les trois récollets jubilent. Ces Acadiens du cap Sable ont vécu sans prêtre : ils n'ont pas « été confessés » depuis six ans. Et il y a tous ces Sauvages à convertir ! Entouré de Micmacs qui sont parés de vêtements de peau de caribou blanchie et brodés de motifs violets, rouges, bleus, un missionnaire bénit l'union de Charles de La Tour à une femme micmaque ; ensuite, il baptise leur fils.

Le premier hiver des Écossais à Charles Fort (anciennement Port-Royal) est éprouvant : des soixante-dix colons, quarante seulement survivent. Ils ont vu des neiges « de deux à trois pieds » (presque un mètre). La navigation était malaisée : coups de vent, mer violente et toujours le danger de s'échouer, d'être démâté. Quant à Claude de La Tour, il n'a pas été heureux. Il devait faire passer son fils Charles au service de l'Angleterre et de l'Écosse ; on lui reproche de n'avoir pas tenu sa promesse. Et il ne peut plus retourner en France, car il sera jugé comme traître... Le père est forcé de demander l'hospitalité à son fils. Charles accepte de l'accueillir, ainsi que sa femme anglaise, à la condition que ni lui ni son épouse n'entrent dans le fort. Il leur fait construire « un petit logement » à l'extérieur de l'enceinte et met à leur service quatre serviteurs. Son père et sa belle-mère pourront cultiver des légumes, cueillir des pommes, des poires, et planter des vignes.

Charles de La Tour songe à quitter le cap Sable pour aller bâtir une forteresse sur la baie Française, à l'embouchure de la rivière Saint-Jean. Cette rivière coule sur sept cent vingt kilomètres dans des régions riches en gibier, et donc en fourrures, et traversées par plusieurs autres rivières, un réseau utilisé par les Micmacs, les Malécites et les Arosaguntacooks du lac et de la rivière Androscoggin (Maine). À l'été 1631, ses hommes construisent à cet endroit stratégique des maisons, des entrepôts et des palissades. Claude de La Tour participe aux travaux. En juillet, Charles de La Tour reçoit enfin cette commission officielle qu'il espérait depuis longtemps : le roi le nomme lieutenant général en Acadie. Aussitôt, il exige que William Alexander retire ses colons de Charles Fort, qu'il démolisse son établissement et libère le sol français. Les Écossais refusent.

En Angleterre, l'Armée et la Marine menacent de se mutiner parce que Charles Ier ne peut plus payer la solde. Le roi a désespérément besoin de revenus. Si Charles Ier faisait la paix avec la France, Louis XIII serait peut-être enclin à lui payer enfin la dot de la reine Henriette. En vertu du traité de Saint-Germain-en-Laye (1632), l'Angleterre remet à la France les territoires de la Nouvelle-France et de l'Acadie. Une flottille affrétée par Isaac de Razilly vient, quelque temps après, déverser en Acadie plus de trois cents colons français avec bestiaux et approvisionnements.

Razilly est un homme d'expérience. Il a tenté d'établir une colonie au Brésil et il a fait la chasse aux pirates de Barbarie sur la Méditerranée. En 1626, Richelieu, chef et surintendant de la marine et du commerce, lui avait commandé une étude sur les causes de la stagnation du commerce français. Razilly lui a fait les recommandations suivantes : que le commerce soit désormais considéré par le roi comme essentiel au bien-être du pays ; que la France accroisse sa flotte et sa présence sur les mers pour garantir sa présence sur les terres ; que soit formée une compagnie pour contrecarrer, au nord du trente-sixième parallèle, l'expansion du peuplement des Anglais et de leur commerce. Ce sera la Compagnie des Cent-Associés. Richelieu, Champlain et Razilly en sont des actionnaires. Razilly s'est aussi particulièrement distingué en 1627, durant le siège de La Rochelle, en capturant pas moins de trente vaisseaux anglais. Il perdit d'ailleurs un œil durant les combats. Et soit dit en passant, Razilly est le cousin de Richelieu.

22

Deux lieutenants généraux pour l'Acadie

À la recommandation de Richelieu, Louis XIII a nommé Isaac de Razilly « lieutenant général dans tout le pays de la Nouvelle France, connu comme Canada, les terres voisines et les côtes dans toute leur étendue ». Avec une quinzaine de familles, six capucins et « 300 hommes d'élite », il vient prendre possession du domaine qui lui a été concédé avec sa commission : une terre longue de vingt lieues, large de douze lieues. Ses navires s'engagent dans la rivière La Hève (sur la côte sud de la Nouvelle-Écosse actuelle). À deux kilomètres de l'embouchure, ses hommes entreprennent la construction d'un fort, d'habitations et d'une chapelle.

Charles de La Tour n'a-t-il pas été, l'an dernier, en juillet 1631, nommé par Louis XIII au poste de lieutenant général pour l'Acadie ? Perplexe, il relit ses titres alignés sur le document royal : « chevalier, seigneur de La Tour et de Vars, Grand Sagamos des Souriquois, Etcherines, Pantegois et Quiniban (soit Grand Chef des Micmacs, Malécites et des Sauvages de Pentagouët et Kennebec) et Lieutenant Général pour le Roy en la côte acadienne ». La Tour prend avec lui ses deux filles, dont il veut parfaire l'éducation, quelques compagnons, deux Micmacs et se précipite en France pour que l'on clarifie son mandat.

Les Écossais de Charles Fort ont rejeté l'ordre d'éviction que Charles de La Tour leur a servi conséquemment au traité de Saint-Germain-en-Laye. À la mi-septembre 1632, vingt-cinq Écossais en barques légères descendent à l'embouchure de la rivière Saint-Jean devant le fort de Charles de La Tour. Le

« Lieutenant Général » est en France. Jean-Daniel Chaline, qui occupe son poste en son absence, va à la rencontre d'Andrew Forrester, le commandant des Écossais. Depuis le traité, leurs deux nations sont en paix. Chaline invite donc les Écossais dans le fort. À un signal de Forrester, ces derniers bondissent sur Chaline et les quatre hommes de son escorte et les mettent aux fers. Après avoir abattu la grande croix qui porte les armoiries du roi de France, les Écossais repartent avec des barriques de grains, de farine, de pois, de maïs, des fourrures d'orignal et de castor, des ustensiles, des pots, des bouilloires, quatre pierriers, dix mousquets, quatre arquebuses, des plombs et de la poudre. Plus loin, Forrester laisse filer ses prisonniers, mais peu de temps après les Écossais doivent faire face au lieutenant général Razilly. Certains décident de demeurer en Acadie et de se joindre aux Français pour participer au pillage du fort anglais de Penobscot.

Si Charles de La Tour, à Paris, ne dédaigne pas les plaisirs de la capitale, il prépare soigneusement son retour en Acadie. Il vend des fourrures, emprunte de l'argent, rembourse ses dettes, achète des marchandises, loue des vaisseaux, négocie avec les armateurs les contrats d'assurance contre la piraterie et les naufrages. Dans un communiqué publié dans *La Gazette*, il invite les Français à venir s'installer en Acadie, qui est située sur le même parallèle que Bayonne, précise-t-il pour rassurer ceux qui craignent les froids terribles. Il leur promet des terres fertiles peuplées de cerfs, de castors, et arrosées de rivières remplies de poissons. À l'intention de ceux qui craignent l'interminable traversée de l'Atlantique, il précise que son voyage n'a duré que dix-sept jours. Répondent à son invitation quelques domestiques, des artisans, deux maçons, un boulanger, un forgeron, un armurier, un barbier-chirurgien, un trompette, un capitaine de vaisseau.

Les colons de la baie de Massachusetts, qui profitent des avant-postes de traite au nord, ont appris avec consternation que Charles Ier d'Angleterre a cédé l'Acadie à la France. Cependant, ils ont découvert que le traité de Saint-Germain-en-Laye n'a pas défini les frontières de l'Acadie. Ils n'abandonneront donc pas leurs prétentions sur ce territoire.

Puisque la paix a été rétablie entre la France et l'Angleterre, Charles de La Tour est revenu en Acadie, où il projette de commercer avec les Anglais. Certaines marchandises essentielles comme les outils, la chaux, les clous viennent de France à un coût exorbitant. Peut-être les Anglais ont-ils des surplus à troquer… Et sans doute pourrait-il leur vendre des produits de l'Acadie… Voudront-ils commercer avec les Français ?

Un actionnaire de la Plymouth Company, l'un des pèlerins (*pilgrims*) arrivés à Plymouth en 1620, survient au fort La Tour. Il exige une compensation pour la destruction d'une de leurs cabanes sur l'île Sainte-Croix. Le lieutenant général se fait tranchant : les droits de la France sur ce territoire s'appliquent jusqu'au Cape Cod !

À Pentagouët, entre la rivière Kennebec et la rivière Sainte-Croix, un poste fondé par les Français est depuis des années occupé par la Plymouth Company. À la fin de l'été 1635, Isaac de Razilly est déterminé à y affirmer la suprématie française. Charles de Menou d'Aulnay, un cousin de Razilly, et ses hommes s'emparent du fort. Menou d'Aulnay donne aux Anglais une pinasse et un peu de nourriture pour qu'ils disparaissent. La Plymouth Company envoie de Boston un vaisseau pour bombarder le fort maintenant occupé par les Français. L'eau est peu profonde. Craignant de s'échouer, les Anglais n'osent s'approcher du littoral. Leurs canons sont trop loin de la cible. La garnison du fort regarde les boulets pleuvoir loin devant, jusqu'à ce que les canons se taisent.

Quelques mois plus tard, Isaac de Razilly meurt dans son poste à La Hève, un petit paradis où il élevait des porcs, des chèvres, des poules, des canards et cultivait la vigne.

Pendant ce temps, la France est enlisée dans des guerres contre les Habsbourg d'Allemagne et les Espagnols qui ont pénétré en France. Louis XIII a encore besoin de revenus. Entre 1628 et 1633, il a triplé l'impôt. En 1635, il impose une taxe sur le sel (la gabelle) dans les provinces du Limousin, d'Angoulême, de Guyenne et de Provence. Des meutes d'hommes, de femmes et d'enfants en guenilles, affamés, à la recherche de quelque chose à manger, soudainement se rebellent, brandissant bâtons, faucilles et couteaux. L'armée royale se dresse devant eux. Dans le Périgord seulement, elle fauche plus de mille croquants.

En Acadie, qui remplacera Isaac de Razilly ? La commission de Charles de la Tour est confirmée en 1635 : il sera le gouverneur et lieutenant général de l'Acadie. Lui sont alloués l'habitation du cap Sable, les forts de la rivière Saint-Jean, les seigneuries environnantes et sa juste part du commerce des fourrures. Sa commission inclut même une prime pour son père, Claude de La Tour : une seigneurie près du cap Sable. Claude de La Tour a réussi à faire oublier qu'il y a cinq ans à peine il était un traître au service du roi d'Angleterre et d'Écosse.

Après le décès d'Isaac de Razilly, sa famille a confié au cousin Menou d'Aulnay la direction de ses affaires acadiennes. D'Aulnay découvre bientôt que la compagnie Razilly-Condonnier a plus de dépenses que de profits. Heureusement, la forêt acadienne offre ses fourrures et ses chênes, et au large du cap Sable les phoques viennent donner naissance à leurs petits. Le cardinal de Richelieu investit de son argent personnel pour financer un projet d'exploitation de ces richesses.

Chasser le phoque sur le territoire de Charles de La Tour n'est pas la seule faute de Menou d'Aulnay. Charles de La Tour l'accuse d'avoir usurpé Port-Royal. Puis, quand deux traiteurs et un capucin sont assassinés, en 1639, sur la rivière Saint-Jean, La Tour accuse Menou d'Aulnay d'avoir instigué ces crimes. Entre les deux hommes, les disputes, les transgressions de territoires et les conflits s'accumulent. Dans le but d'apaiser les belligérants, les subtils fonctionnaires du ministère de la Marine y vont d'un compromis en 1638 : La Tour et Menou d'Aulnay seront tous deux gouverneurs ! Dans des territoires qui s'embranchent…

Menou d'Aulnay ne dissimule à personne son ambition de régner sur l'Acadie tout entière ni son intention d'y fonder une dynastie ; n'a-t-il pas, dans le Maine, des enfants nés de sa femme sauvagesse et, en Acadie, des enfants nés de sa femme blanche ? Tout comme Menou d'Aulnay, Charles de La Tour a des enfants que lui a donnés sa femme sauvagesse, mais il n'a pas d'enfants, comme son rival, nés d'une femme blanche. Il envoie en France un émissaire, Guillaume Desjardins (de Saint-Val), lui trouver une femme « convenable à sa position ». Avant qu'elle n'arrive, il construit une habitation digne d'accommoder une dame habituée au confort raffiné de la France.

Ayant trouvé une femme pour Charles de La Tour, Desjardins négocie en son nom les conditions du contrat de mariage. Le 26 mars 1640, Françoise-Marie Jacquelin quitte la France à bord de l'*Amitye* pour venir rencontrer son mari en Acadie. La belle ainsi que ses servantes sont transportées à bord d'un vaisseau de guerre armé de neuf canons et trois mortiers. Desjardins a loué un tel bâtiment dans l'intention d'impressionner Menou d'Aulnay.

Quelques mois après son mariage, en juin 1640, Charles de La Tour, avec deux pinasses armées de canons, traverse les soixante-cinq kilomètres de la baie Française et mouille l'ancre à Port-Royal devant l'imposant fort de Menou d'Aulnay, ceinturé de canons. La Tour contemple le manoir, la chapelle, les maisons, les rangées de poissons qui sèchent sur les toits, les potagers, les champs. Adolescent, c'est ici qu'il vivait. Aujourd'hui, La Tour vient par courtoisie présenter sa femme à Menou d'Aulnay, mais son objectif est surtout de visiter les entrepôts de fourrures. Il soupçonne Menou d'Aulnay de retenir plus que sa juste part des fourrures qu'apportent les traiteurs. Un messager va demander la permission de débarquer. Permission refusée. Menou d'Aulnay, absent pour cause de voyage à Pentagouët, a laissé l'instruction de ne pas admettre Charles de La Tour dans le fort. Non seulement cela est une insulte à sa femme et à lui-même, mais par cette interdiction Menou d'Aulnay refuse de reconnaître le droit qu'a La Tour de vérifier les comptes du commerce de la fourrure et de visiter ses entrepôts. En colère, La Tour retourne chez lui.

Dans le bassin de l'Annapolis, il entrevoit deux vaisseaux dans le brouillard. C'est Menou d'Aulnay qui revient. Des bateaux français, avec des équipages français, se rencontrent en territoire français, mais les deux capitaines sont ennemis. Les canons de La Tour déchargent une bordée au flanc d'un vaisseau de Menou d'Aulnay. Par une manœuvre rapide, Menou d'Aulnay, officier de marine expérimenté, force les pinasses de La Tour à se retrancher dans le bassin, où elles s'échouent sur des bancs de sable. La Tour, humilié, doit se rendre. Menou d'Aulnay rentre triomphant à Port-Royal, avec Charles de La Tour et « sa maîtresse », ses prisonniers.

Relâché, Charles de La Tour n'a plus qu'une pensée : détruire Menou d'Aulnay. Guillaume Desjardins, son émissaire, se rend solliciter des renforts en France. Les circonstances lui semblent favorables, puisque Menou d'Aulnay vient d'être accusé par des actionnaires de la compagnie Razilly-Condonnier d'avoir détourné des fourrures à son profit. Ils lui reprochent aussi l'humiliation qu'il a infligée à La Tour dans le bassin de l'Annapolis. Le capitaine qui servait sous Charles de Menou d'Aulnay lors de cette échauffourée fait cependant valoir que Menou d'Aulnay n'était pas l'assaillant de La Tour mais sa victime. Le conseil du roi décrète en faveur de Menou d'Aulnay, le cousin de Richelieu. Desjardins, qui représente La Tour, est arrêté en février 1641 et ses biens sont saisis. Louis XIII révoque la commission de Charles de La Tour, qui devra venir justifier sa conduite en France. Le roi intime à Menou d'Aulnay l'ordre d'arrêter La Tour s'il ne se soumet pas à cette requête. De plus, La Tour doit transférer ses forts, ses bateaux, ses biens à des personnes dévouées au roi. Menou d'Aulnay devient le seul maître de l'Acadie.

23

Charles de La Tour sera-t-il sauvé par sa femme ?

Menou d'Aulnay a réduit en cendres l'établissement de Charles de La Tour au cap Sable. Son empressement à se débarrasser de son rival lui a fait des ennemis. Les capucins, qui possèdent des parts dans la Compagnie Razilly-Condonnier, se plaignent au roi que Menou d'Aulnay a « dévoré » à des fins personnelles les vingt mille francs que Richelieu avait destinés à l'éducation des enfants sauvages. Et les récollets l'accusent du sacrilège d'avoir incendié leur monastère et leur chapelle.

Retranché dans son fort, à l'embouchure de la rivière Saint-Jean, Charles de La Tour a maintenant un fils que lui a donné Françoise-Marie, sa femme française. Quatre-vingt-dix personnes lui sont demeurées fidèles. La France lui est fermée ; il observe alors ce qui se passe dans les colonies anglaises. L'Acadie ne compte pas encore quatre cents habitants en 1640, mais vingt-neuf mille habitants sont déjà implantés en Nouvelle-Angleterre, où les colons s'administrent eux-mêmes. Ils sont libres d'action dans un marché ouvert. Ils fabriquent des objets utilitaires, des meubles, des roues de moulins à eau… Dans le port de Boston, ils construisent des bateaux. Leurs manufactures et leurs chantiers créent des emplois, animent l'économie, tandis que la Nouvelle-France n'existe que pour fournir à la France quelques matières premières. Elle ne peut commercer qu'avec la mère patrie.

La terre de La Tour produit du maïs, du fourrage, même du raisin. La forêt est riche en gibier, la rivière grouille de saumons et d'esturgeons. À l'endroit où les rivières Saint-Jean et

Kennebec confluent, il a ouvert une carrière de pierre à chaux. À quelques jours de là, il a repéré sur une île une mine de charbon. Ailleurs, il a découvert du marbre blanc qui pourrait être transformé en chaux. La Tour sait que la Nouvelle-Angleterre a besoin de ces matières premières ; il pourrait les troquer contre des marchandises dont il a lui-même besoin. Il rêve toujours d'engager avec elle quelque commerce. Et l'Angleterre n'a-t-elle pas besoin de fourrures, de bois ? Ne pourrait-il pas expédier ses produits par l'intermédiaire des vaisseaux de Boston qui, à leur retour, rapporteraient les marchandises achetées avec les gains de ses exportations ?

Circonspect, il délègue à la puritaine Boston un huguenot pour entreprendre les démarches initiales. Le gouverneur John Winthrop est étonné par l'apparition de cet émissaire français, qui lui propose non seulement un accord commercial mais aussi le soutien de Charles de La Tour contre les prétentions territoriales du maître de l'Acadie, Menou d'Aulnay. Les membres du conseil de Boston refusent cependant de se laisser entraîner dans une dispute entre deux Français. Et les marchands ne désirent pas admettre un Français dans leur marché.

Menou d'Aulnay peint La Tour de la manière la plus défavorable à ses correspondants en France. Il l'accuse de semer en Acadie un désordre qui nuit à « l'avancement de la foi chrétienne parmi les Sauvages ». Il réclame contre lui des mesures punitives. La Tour ne se présentera pas en France pour s'expliquer : il serait arrêté en arrivant. En février 1642, un secours qu'il n'attendait pas s'annonce. Malgré le fait que dans tous les ports de France soit affichée l'interdiction de transporter « des rafraîchissements », des munitions ou des marchandises destinés à Charles de La Tour, son émissaire, Desjardins, libéré de prison, a convaincu la Compagnie des Cent-Associés de lui envoyer un vaisseau avec vingt-six hommes et des approvisionnements. Desjardins est aussitôt repris et rejeté en prison pour avoir procuré à La Tour des « moyens de subsister ».

À la mi-août 1642, Menou d'Aulnay, qui continue de gagner des appuis à la cour de France, fait porter à Charles de La Tour les récents édits royaux qui détaillent ses crimes. La Tour en écoute la lecture. Subitement, il empoigne les documents, les lance au plancher avec des mots « insolents » et fait emprisonner les cinq hommes de la délégation.

Comme Louis XIII a émis contre lui une lettre de cachet ordonnant son incarcération, sa femme, Françoise-Marie, ira défendre sa cause. Depuis la mi-août, les trois pinasses de Menou d'Aulnay et son navire de guerre patrouillent la baie Française. En septembre 1642, le navire qui l'y conduit échappe à cette surveillance et Françoise-Marie va livrer en France une lettre des récollets accusant Menou d'Aulnay d'avoir incendié leur monastère et leur chapelle.

La Tour envoie aussi un second émissaire au gouverneur Winthrop de Boston. Bien qu'il soit « papiste », l'émissaire assiste à un office religieux puritain. Ce geste respectueux touche Winthrop, qui le présente à Edward Gibbons. Cet ancien corsaire devenu marchand a amassé sa fortune dans les Antilles. Le gouverneur de Boston se retient encore d'intervenir dans cette querelle entre les deux Français, mais Gibbons croit qu'il pourrait tirer certains bénéfices de la proposition de Charles de La Tour. Quelques jours plus tard, La Tour voit poindre une pinasse anglaise : c'est Gibbons. Elle est chargée de marchandises. Apprenant que Gibbons est venu traiter avec La Tour, Menou d'Aulnay adresse au gouverneur Winthrop une copie des jugements condamnant La Tour et le menace de confisquer tout bâtiment de la Nouvelle-Angleterre surpris à traiter avec ce rebelle.

En France, Richelieu, le puissant ministre, est mort. Cinq mois plus tard, Louis XIII l'a suivi. Son fils âgé de cinq ans lui a succédé en 1643 sous le nom de Louis XIV. Sa mère, Anne d'Autriche, assure la régence. Mazarin a remplacé Richelieu. Le duc de Fronsac – neveu de Richelieu – a reçu la direction du commerce et de la navigation. Voilà l'homme que Françoise-Marie doit rencontrer ! Déjà, elle a trouvé un peu de sympathie : certains directeurs de la Compagnie des Cent-Associés considèrent que Menou d'Aulnay est un usurpateur imposé par son cousin Richelieu. Au duc de Fronsac, Françoise-Marie démontre la mauvaise foi de l'ennemi de son époux : elle raconte la destruction du monastère des récollets et de leur chapelle ; elle fait lire la lettre qu'ils ont écrite à ce sujet. Par ses méfaits, explique-t-elle, Menou d'Aulnay a ralenti la conversion des Sauvages. Le duc de Fronsac non seulement annule la démotion de La Tour, mais il le nomme lieutenant général et gouverneur de l'Acadie. De plus, pour sa protection, il autorise M. Étienne de Mouron, beau-frère de Desjardins, à équiper un vaisseau de guerre avec des soldats, des colons, des munitions et des provisions.

24

Faudra-t-il se faire puritain ?

Avant de prendre place à bord du *Saint-Clément* de Mouron, à La Rochelle, plusieurs des colons erraient dans les campagnes à la recherche de nourriture. Non seulement ils auront de quoi manger en Acadie, mais ils toucheront des gages ! Ceux qui sont nu-pieds reçoivent des souliers en guise d'avance. Le vaisseau transporte cent quarante personnes, catholiques et huguenotes, venues de Bretagne, de Normandie, du Perche, de Lorraine et de Suisse. Quand le *Saint-Clément* entre dans la rivière Saint-Jean, en Acadie, à la fin de mai 1643, trois bateaux foncent sur lui. Menou d'Aulnay fait le blocus de la rivière. Le *Saint-Clément* s'écarte. À la nuit tombée, sept de ses matelots, dans une embarcation légère, se faufilent au fort de Charles de La Tour, qui vient dans l'obscurité rencontrer sa femme à bord du navire. Il ne l'a pas vue depuis huit mois. Quand le temps est venu, à l'aube, de retourner au fort, il n'est plus possible de tromper la surveillance des hommes de Menou d'Aulnay. Alors le *Saint-Clément* fait route sur Boston, emportant le mari et la femme.

Plus de deux mille personnes vivent dans la péninsule de Boston : une population quatre fois plus nombreuse que celle de la Nouvelle-France. À la mi-juin, de La Tour invite le gouverneur Winthrop à dîner à bord du *Saint-Clément*, en prenant soin de faire asseoir quelques huguenots à sa table. Il se plaint au gouverneur que le *Saint-Clément* ait été empêché, par les vaisseaux de Menou d'Aulnay, d'atteindre sa destination. Comme ils étaient renforcés par la pinasse du capitaine anglais Peter Mutton, La Tour requiert l'intervention empressée de son invité. Avocat comme son père, Winthrop a embrassé la religion réformée après une jeunesse folichonne à Londres, puis il s'est joint à une compagnie qui allait fonder une Cité de Dieu au Nouveau Monde. Le puritain Winthrop aidera-t-il le catholique La Tour ?

Troublé par le fait que le *Saint-Clément*, un navire français, avec ses canons et ses soldats, ait pu si facilement pénétrer dans la baie de Massachusetts, Winthrop convoque le lendemain une réunion des membres de son conseil. La Tour réclame de l'aide au gouverneur, aux magistrats, aux dignitaires qui sont au parquet et aux citoyens logés aux balcons. Il exhibe la commission par laquelle le roi l'a nommé lieutenant général et gouverneur de l'Acadie et l'ordre qu'a donné le duc de Fronsac d'équiper le *Saint-Clément* avec renforts et approvisionnements. Il lit une copie de la lettre de la Compagnie des Cent-Associés où Menou d'Aulnay est qualifié d'usurpateur. Les membres du conseil ne voient aucun empêchement à ce que La Tour conclue des ententes personnelles avec des citoyens de la baie de Massachusetts pour louer des vaisseaux et des équipages.

Le *Saint-Clément* transporte en Acadie plusieurs colons de foi réformée. Touchés, attendris, les membres du conseil autorisent La Tour et ses gens à venir à terre à la condition de ne pas effrayer les femmes ! C'est un *muster day*, un jour de rassemblement militaire, de recrutement et de festivités. Il y a des parades, drapeaux, fifres, tambours… Les quarante soldats français de La Tour défilent avec les cent cinquante miliciens anglais. Ils exécutent des exercices militaires, ils simulent des escarmouches avec mousquets et piques, ils tirent sur des canards, des dindes. Les officiers de La Tour déjeunent avec ceux du commandant Edward Gibbons. Les soldats français sont invités chez les soldats anglais…

La Tour et sa troupe sont impressionnés par les maisons de brique de Boston, les auberges, les tavernes, les vitrines bien garnies, les moulins, les fabriques, et surtout les chantiers de construction navale. Et d'autres villages s'étendent en plusieurs endroits sur les terres anglaises.

Deux semaines plus tard, le gouverneur Winthrop convoque une autre fois son conseil. La rumeur de concessions faites à La Tour s'est répandue. La population est alarmée : Boston doit-elle intervenir dans une querelle entre deux Français ? Si la Nouvelle-Angleterre attaque Menou d'Aulnay, les Français viendront se venger, prophétisent les uns. D'autres proclament n'avoir rien à faire avec ces « Français idolâtres ». Certains réprouvent toute forme de guerre : c'est un péché de faire couler le sang humain. Plusieurs s'inquiètent : peut-on faire confiance à des papistes ? Leurs motifs ne sont pas que religieux car, à la fin, ils s'entendent pour aider La Tour. Edward Gibbons et son associé louent à La Tour quatre vaisseaux armés de trente-huit canons, avec un équipage de cinquante-quatre hommes. De plus, soixante-huit volontaires escorteront le *Saint-Clément* jusqu'au fort La Tour. Gibbons et son associé seront payés en fourrures, et pour couvrir leurs risques, ils ont pris une hypothèque sur le fort.

À la fin de l'été 1643, La Tour veut lancer contre Menou d'Aulnay, à Port-Royal, une attaque conjointe du *Saint-Clément* et des quatre bateaux venus de Boston. Hawkins, le commandant de la flottille, résiste à l'idée de déclencher une campagne. Il lui suggère plutôt un compromis, une opération plus restreinte : à ceux de ses hommes qui désireront se porter volontaires pour une incursion contre Menou d'Aulnay, il permettra de le faire. Une trentaine d'hommes de Hawkins se joignent à ceux de La Tour pour descendre sur la rive, où ils incendient le moulin à farine, les champs de maïs et tuent trois colons.

La France redoute le danger d'un agrément probable entre protestants français et protestants anglais. La Tour doit maintenant expliquer l'alliance qu'il a conclue avec les Anglais. De nouveaux ennemis témoignent contre lui en France. Huit capucins ont rapporté que l'homme a assisté, à Boston, à un service religieux protestant ; il a osé permettre à des hérétiques qui voyageaient sur son vaisseau de réciter leurs prières à voix haute malgré la présence d'un père récollet. Et il a même encouragé ses hommes à marcher sous le drapeau des hérétiques anglais de

Boston. Comme La Tour ne peut encore se présenter en France sans risquer d'être arrêté, sa femme, Françoise-Marie, remonte à bord du *Saint-Clément* en septembre 1643 pour retourner plaider en faveur de son mari.

Le ministre Mazarin réitère à La Tour l'ordre de se présenter devant lui et il interdit à Françoise-Marie, tout comme à Guillaume Desjardins, l'émissaire de La Tour, et à de Mouron, le capitaine du *Saint-Clément*, de quitter la France sous peine d'être condamné à mort. Enfin, il exige que tous les habitants du fort La Tour se soumettent aux ordres de Menou d'Aulnay.

Avec la complicité de quelques actionnaires de la Compagnie des Cent-Associés, Françoise-Marie s'enfuit à Londres. Plus petite que Paris, où l'on dénombre cinq cent mille habitants, Londres n'en compte que trois cent mille. Une importante communauté française y vit, formée surtout de huguenots qui ont fui la persécution dans leur pays. L'ambiance est austère ; les puritains ont aboli les fêtes, le théâtre, les spectacles, même la célébration de Noël. Françoise-Marie déniche un capitaine qui connaît les eaux et les côtes acadiennes ; il la ramènera au fort La Tour. Jean Le Bailly est un catholique d'Amiens passé aux Anglais quand les Kirke se sont emparés de Québec. Champlain l'avait alors jugé « grandement vicieux ». Françoise-Marie s'embarque, à la fin de mars 1644, avec ce capitaine.

Au lieu de mettre le cap directement sur le fort La Tour, Le Bailly a erré de poste en poste pour commercer sur les côtes de Terre-Neuve. Encore en mer six mois après son départ, le *Gillyflower* s'approche du cap Sable aux derniers jours de septembre 1644. Surgit alors un navire de guerre armé de seize canons. C'est le *Grand Cardinal*, loué par Menou d'Aulnay, qui demande à inspecter le *Gillyflower*. Si la femme de La Tour est capturée, elle sera, selon l'ordonnance royale, mise à mort. Françoise-Marie et ses servantes se cachent dans la cale. Le capitaine Le Bailly fait valoir à Menou d'Aulnay qu'il vogue vers Boston. Le *Grand Cardinal* escorte le *Gillyflower* jusqu'au point où d'Aulnay est bien sûr que le *Gillyflower* ne reviendra pas au cap Sable.

À Boston, le gouverneur Winthrop, pour s'être mêlé des affaires françaises, a été rétrogradé et remplacé par John Endecott. La Tour vient prévenir le nouveau gouverneur que Menou d'Aulnay prépare une expédition contre la Nouvelle-Angleterre. Pourquoi dénonce-t-il son compatriote ? À la mi-juillet 1644, La Tour lui raconte qu'il a grandi à Port-Royal ; ce pays lui a appartenu jusqu'à ce que d'Aulnay l'en dépossède. Il rappelle que Claude de La Tour, son père, a participé avec William Alexander à la fondation d'une nouvelle Écosse. Il énumère tous les dommages que d'Aulnay lui a infligés. Endecott, qui parle français, éprouve de la compassion pour de La Tour. Puisque d'Aulnay menace la Nouvelle-Angleterre, ne serait-il pas avantageux d'entretenir l'amitié de ce Français sympathique à sa colonie ?

Il convoque le conseil du Massachusetts. Devrait-on encore secourir le malheureux La Tour par charité chrétienne ? Est-il permis d'aider un papiste ? Ces protestants aux principes inébranlables ont aussi des intérêts. Grâce à La Tour, le fils aîné du vice-gouverneur Winthrop, le marchand Edward Gibbons et leurs associés ont accès aux riches fourrures de l'Acadie et de la Nouvelle-France. Ces deux colonies constituent aussi un marché important pour leurs marchandises manufacturées. Le 19 septembre 1644, salué par les canons, Charles de La Tour quitte Boston sur le *Montjoy*, un voilier à deux focs. Il n'a pas vu sa femme depuis plusieurs mois et il ne sait pas où elle est.

Huit jours plus tard, le *Gillyflower* accoste à Boston. Françoise-Marie de La Tour en descend. Sans argent, elle est hébergée par Edward Gibbons, le partenaire de commerce de son mari. Elle exige aussitôt de Le Bailly un dédommagement pour son retard. Voulant gagner la sympathie des puritains, Françoise-Marie s'inscrit à un cours d'enseignement religieux. Au début de décembre 1644, Le Bailly est condamné à lui payer une indemnité de deux mille livres. Mais l'astucieux capitaine du *Gillyflower* déguerpit sans être vu.

Françoise-Marie retourne au fort La Tour à bord de l'un des trois vaisseaux du capitaine John Paris, qui commerce entre les îles de la Barbade, Londres et Boston. Sur une mer agressive, sous les brouillards, la neige, les bourrasques, la glace qui encroûte les bateaux, la flottille n'est pas repérée par les matelots de Menou d'Aulnay. Au dernier jour de décembre, Françoise-Marie voit le fort La Tour qu'elle a quitté depuis quinze mois. Comment son mari accueillera-t-il l'annonce de sa conversion au protestantisme ?

25

Amour et autres bénéfices

Menou d'Aulnay règne sur Pentagouët, le cap Sable, Port-Royal ainsi que sur le village métis à La Hève. Il ne lui reste qu'à prendre le fort La Tour. À cet effet, il fait livrer un message à ses occupants : s'ils passent à son service, ils seront bien traités et les gages qui leur sont dus seront payés. Ceux qui resteront au service de Charles de La Tour seront punis comme des traîtres le méritent. Le blocus maritime de Menou d'Aulnay étrangle le commerce de son adversaire. La Tour ne peut plus payer ses hommes. Les malheureux sont en haillons.

Françoise-Marie conseille à son époux de se convertir au protestantisme comme elle l'a fait. Les Anglais viendront alors écraser son rival. À la mi-janvier 1645, les trois vaisseaux de John Paris s'apprêtent à retourner à Boston chargés de fourrures et de charbon. Après avoir confié à sa femme le commandement du fort, Charles de La Tour s'embarque avec quelques compagnons. Françoise-Marie entreprend alors de convertir la garnison. Les récollets rectifient ses erreurs théologiques. Discutant avec eux, elle blasphème. Serait-elle possédée par le démon ? Deux récollets partent réclamer son excommunication. Une dizaine d'hommes les suivent à Port-Royal, chez Menou d'Aulnay. Il les accueille, paie les gages qui leur sont dus par La Tour et les intègre à sa garnison. Les transfuges l'informent qu'en l'absence de La Tour le fort n'est défendu que par quarante-cinq personnes commandées par sa femme ! Les munitions sont si rares qu'il leur est interdit de chasser. « C'est le temps d'asséner le coup fatal », pense Menou d'Aulnay.

À la mi-février, son vaisseau de guerre le *Grand Cardinal* traverse la baie Française et, dans une anse à faible distance, monte la garde. Le 13 avril, le *Grand Cardinal* s'avance à portée de mousquet du fort La Tour. Ouvrant le feu, Menou d'Aulnay somme la garnison de capituler. Quelques boulets cognent sur le *Grand Cardinal*, dont les seize canons répliquent avec des boulets de neuf livres. Durant trois jours, ils déversent leurs projectiles. La muraille en pierre du fort est abattue. Les toits de tuile des maisons sont défoncés. Dans l'odeur insupportable de la fumée des incendies mêlée à celle de la poudre, Françoise-Marie de La Tour crie des ordres, dirige la défense.

Puis, le jour de Pâques, dans l'après-midi, Menou d'Aulnay recule pour préparer l'assaut final. Au fort La Tour, parmi les morts et les blessés qui gémissent, les survivants se reposent. Hans Vandre (ou Vanner), un Suisse de Lucerne, monte la garde. Une heure avant le coucher du soleil, les hommes de Menou d'Aulnay reviennent, s'approchent par mer et par terre. Même s'il les a aperçus, Hans Vandre ne sonne pas l'alarme. Les assaillants franchissent les douves, escaladent les parapets. Surpris, les défenseurs saisissent arquebuses, hallebardes et épées, puis se précipitent sur eux dans une mêlée d'armes, de sang et de feu. Françoise-Marie de La Tour hurle ses ordres, inutilement…

Devenu maître du fort La Tour, Menou d'Aulnay exécute les survivants, les blessés, les agonisants. Il fait passer une corde autour du cou de Mme de La Tour, mais quelques instants plus tard il la libère : il la déportera en France afin qu'elle y subisse son procès pour trahison. Seul est épargné Hans Vandre, la silencieuse sentinelle. Les morts, quels qu'aient été leur parti ou leurs croyances, sont enterrés sur une île derrière le fort. Françoise-Marie n'a plus devant elle que l'emprisonnement, la torture et l'exécution. Trois semaines plus tard, elle meurt de rage et de tristesse, après avoir renié son égarement hérétique. Certains soupçonnent Menou d'Aulnay de l'avoir fait empoisonner. Les dames qui étaient au service de Françoise-Marie ramènent avec elles, en France, son fils orphelin.

Deux mois après cette victoire de Menou d'Aulnay, Charles de La Tour, à Boston, apprend la perte de son fort et la mort de sa femme. Il a cinquante-deux ans et est ruiné. Il vit, durant quelques semaines, de la charité des puritains, mais il n'est pas homme à se noyer dans le désespoir. Le général David Kirke, qui s'est emparé de Québec il y a vingt ans, est maintenant le gouverneur de Terre-Neuve. Il avait capturé son père, Claude de La Tour, mais par la suite le général et le prisonnier sont devenus amis. À bord d'une barque de pêche, Charles de La Tour va solliciter son aide à Ferryland. Au milieu de l'été 1645, Kirke le reçoit cordialement, mais La Tour comprend qu'il doit chercher assistance ailleurs.

Charles de La Tour revient à Boston. Prenant cet homme déchu en pitié, des marchands lui prêtent une pinasse, la *Planter*. Des compagnons acadiens venus avec lui à Boston et quelques Français qu'il y a rencontrés formeront son équipage. Les marchands remplissent la *Planter* de produits qu'il pourra troquer ou vendre en Acadie et au cap Breton. En janvier 1646, devant le cap Sable, Menou d'Aulnay s'empare de la pinasse et abandonne La Tour et son équipage sur la rive couverte de neige. Ils ne seront sauvés que deux semaines plus tard par des Micmacs.

Menou d'Aulnay a resserré son emprise sur l'Acadie. Il pourchasse les traiteurs qui transgressent son monopole, saisit des vaisseaux basques, flamands et anglais, même des bâtiments de la Compagnie des Cent-Associés. En 1647, il s'empare d'établissements que peuplent quelques colons au cap Breton et sur l'île Miscou. Au nom de son fils Louis XIV, la régente Anne d'Autriche confirme Menou d'Aulnay dans son poste de gouverneur de l'Acadie : son territoire s'étend du fleuve Saint-Laurent jusqu'à la Virginie.

Charles de La Tour s'est réfugié à Québec en août 1646. Quand il est entré dans le port, les canons l'ont salué. Le gouverneur Charles Huault de Montmagny l'a invité à loger au château Saint-Louis. Le printemps suivant, il remonte le Saint-Laurent dans une goélette. La traite lui a apporté quelques revenus.

Pour faire taire ceux qui lui reprochent sa sympathie envers les hérétiques de la Nouvelle-Angleterre, il souscrit cent livres à l'évêque et lui achète un ciboire. L'année suivante, il lui fait présent d'un chandelier d'argent. En reconnaissance, il est invité, lors d'une procession, à tenir l'un des montants du dais. Quand arrive un nouveau-né chez Abraham Martin, le fermier demande à La Tour d'être le parrain de l'enfant. Il sert aussi de témoin au mariage du coureur des bois Médard Chouart des Groseilliers avec la fille de Martin.

Devant Port-Royal, en ce beau 24 mai 1650, Menou d'Aulnay rame avec un serviteur dans son canot, sur une eau bien tranquille. À la suite de quelque mouvement maladroit, le canot se renverse. Le serviteur nage dans l'eau encore très froide jusqu'à la rive tandis que le gouverneur d'Acadie s'agrippe au canot renversé, se hisse sur la coque et se laisser flotter. Quand on va à son secours, Menou d'Aulnay est mort. Il avait demandé qu'on inscrive sur sa pierre tombale : « Ayez pitié pour une personne qui ne mérite que la foudre et le châtiment de la juste colère de Dieu. » Menou d'Aulnay a laissé à sa femme quatre filles, quatre garçons et d'écrasantes dettes contractées durant sa campagne contre Charles de La Tour.

Informé du décès de Menou d'Aulnay, Charles de La Tour claironne la connaissance qu'il a de l'Acadie, du Canada, de Terre-Neuve, de la Nouvelle-Angleterre et des territoires avoisinants, son expérience de la navigation, du commerce et de la négociation, son savoir-faire militaire, ses bonnes relations avec ses voisins anglais, sa piété chrétienne. Il fait si bien qu'en février 1651 il est renommé gouverneur de l'Acadie. Avec une royale inconsistance, la régente Anne d'Autriche lui commande de préserver l'Acadie comme « il aurait continué de le faire s'il n'en avait pas été empêché par le maintenant décédé Charles de Menou, sieur d'Aulnay ».

Un autre homme agit rapidement en apprenant la mort de Menou d'Aulnay : Emmanuel Le Borgne, un créancier à qui le défunt doit trois cent mille livres. De La Rochelle, il se précipite en Acadie pour extirper tout ce qu'il pourra à la veuve, Jeanne Motin. Alléguant qu'elle est incapable de rembourser la dette de son mari, Le Borgne se proclame le successeur légitime de Menou d'Aulnay. Il harcèle la veuve, les propriétaires de terres et même le nouveau gouverneur. Charles de La Tour se retrouve dans une situation familière. Devenu vieux et sage, il se résout à approcher la veuve de Menou d'Aulnay. Pour le bien-être de l'Acadie et de leurs familles, ne pourraient-ils pas, tous deux, faire la paix et joindre leurs forces ? Il demande à Jeanne Motin de l'épouser. Il a soixante ans, elle est dans la trentaine. Elle accepte. Dépité, Le Borgne attaque le fort La Tour.

La Nouvelle-Angleterre s'était préparée à une guerre contre les Hollandais de la rivière Hudson, mais la Hollande et l'Angleterre ont signé une paix inattendue. Les colons de la baie de Massachusetts sont frustrés d'avoir fait tous ces préparatifs pour rien… Pourquoi n'iraient-ils pas au nord, s'occuper des « ffrench » ? Remontant le littoral comme Argall l'a fait il y a quarante ans, la flotte de la Nouvelle-Angleterre cueille les postes français à Pentagouët, à Port-Royal et à l'embouchure de la rivière Saint-Jean.

Comme son père Claude avant lui, Charles de La Tour, fait prisonnier, est emmené à Londres. Pour se défendre, il invoque ses titres de propriété écossais qu'il a hérités de son père. Claude de La Tour, rappelle-t-il, a soutenu le projet d'une nouvelle Écosse dont rêvait le poète William Alexander. Il a même guidé le fils du poète dans l'exécution de ce projet. Peu impressionnés, les Anglais lui réclament un immense paiement, d'abord pour l'usage des terres qui leur appartiennent, et ensuite pour le remboursement de sa dette à la veuve d'Edward Gibbons. À la fin, Charles de La Tour cède tous ses droits à deux gentilshommes anglais qui, en retour, épongeront ses dettes. Charles de La Tour revient en Acadie. Sa femme lui a donné trois filles et deux garçons. À sa mort, en 1666, à l'âge de soixante-dix ans, il sera enterré à Port-Royal, près de son rival Menou d'Aulnay.

26

« Un royaume plus grand et plus beau
que celui de la France »

Comme un très bas nuage noir, une menace s'étend depuis quelque temps sur les établissements français clairsemés et isolés le long du fleuve Saint-Laurent. Les Iroquois tuent les colons dans leurs champs, incendient maisons et étables, volent ou abattent le bétail et, le plus souvent, repartent avec des prisonniers. Aux Trois Rivières, en août 1652, ils massacrent vingt-deux colons qui travaillaient dans la forêt. L'année suivante, six cents Iroquois reviennent à ce poste pour faire le siège du fortin. Des récits terrifiants décrivent la férocité des Sauvages ; ils sont répétés de hameau en hameau. Même les habitants de la jeune colonie de Ville-Marie (le futur Montréal) craignent que leur bourgade ne soit, une nuit, envahie par les Iroquois.

Informée que les Sauvages pourraient éradiquer Ville-Marie, Charlotte de Lamoignon, Mme de Bullion, une pieuse dame de France qui est déjà une bienfaitrice de l'hôpital, fait un don généreux aux Associés de Montréal. Dans un document signé le 4 mars 1653, ceux-ci s'engagent à « procurer du renfort à Ville-Marie pour soutenir la dite Isle contre la violence des ennemis du pays ». Les Associés organisent la « grande recrue » en France. Ils engagent des volontaires pour cinq ans, leur promettant de les « nourrir, coucher et loger » et de leur verser un plein salaire de cent livres. Les Associés absorberont aussi le coût de leur rapatriement en France. Un peu plus d'une centaine d'hommes se présentent à l'embarquement. Deux vaisseaux, l'un partant de Rouen et l'autre de La Rochelle, transportent un menuisier, un pâtissier, un chaudronnier (Gilles Lauson, qui épousera Marie Archambault, âgée de douze ans), un barbier-chirurgien (Louis Chartier, qui se noiera lors d'une escarmouche avec les Iroquois), un sabotier, un tailleur d'habits, un charpentier, des tailleurs de pierre, des laboureurs et des tisserands. Tous sont catholiques, à part quelques « authentiques huguenots ». De ces hommes, les *Relations des Jésuites* (1653) affirment qu'ils sont une « bonne escouade d'ouvriers [...] maniant la truelle d'une main et l'épée de l'autre ».

Les raids des Iroquois contre les Hurons et les colons français ont freiné la traite des fourrures dans les pays d'en haut, cette région à peine explorée qui inclut le nord-ouest du Québec et l'Ontario actuel, puis s'étend au sud des Grands Lacs jusqu'à l'ouest du Mississippi. Médard Chouart des Groseilliers a été soldat dans une mission jésuite, en 1646, au lac Simcoe (Ontario). Il n'a pas oublié qu'il avait alors entendu les Hurons lui parler d'une mer qui s'étend au bout de leur pays. Des Hurons venus troquer leurs pelleteries aux Trois Rivières, en 1654, il apprend qu'une rivière très large conduit à cette mer. Ils mentionnent aussi des réserves de fourrures invendues qu'ils ont accumulées.

Avec l'intention ferme de tirer profit de ces informations, Des Groseilliers et un compagnon, dont le nom a été perdu au fil du temps, remontent la rivière des Outaouais jusqu'au lac Nipissing. Ils suivent ensuite sur cinq cents kilomètres la rivière des Français, franchissant rapides, chutes, gorges escarpées. Depuis long-temps Hurons, Algonquins, Ojibwés et Népissingues vivaient le long de cette rivière et empruntaient cette voie pour aller chasser et faire la traite. Refoulés par les guerres, ils ont transplanté ailleurs leurs villages. Les deux voyageurs arrivent à la baie Géorgienne, puis au lac des Hurons, ils franchissent le lac Saint-Clair qui unit (à Detroit) le lac Huron au lac Érié, ils traversent vers l'ouest la presqu'île du Michigan et remontent enfin le lac Michigan jusqu'au détroit de Michillimakinac.

Quand Des Groseilliers et son compagnon reviennent aux Trois Rivières, en août 1656, ils ont amélioré leur connaissance de ces territoires, ils ont trouvé les nouveaux villages des Hurons et ils se sont fait des amis. « Une flotte de Sauvages » les accompagne, ils sont deux cent cinquante, « riches de mille escus ». C'est le prix que Des Groseilliers et son compagnon ont payé pour les cinquante canots de fourrures qu'ils rapportent de la baie Verte (Green Bay, Wisconsin) et de la rive sud-ouest du lac Supérieur. En plus, ils rapportent chacun la valeur de quinze mille livres en fourrures. Constatant un tel succès et ne voulant rien perdre de la part des bénéfices qui lui revient, le gouverneur Pierre de Voyer d'Argenson assigne l'un de ses assistants à la surveillance de Des Groseilliers, qui s'esquive au printemps 1659, cette fois accompagné par Pierre-Esprit Radisson, le jeune demi-frère de sa seconde femme.

Prisonnier des Iroquois dans son enfance, Radisson a appris leur langue et leurs usages. Malgré son jeune âge, il a déjà servi d'interprète aux jésuites dans la région iroquoise d'Onontagué (près de Syracuse, État de New York). Sur la rivière des Outaouais, Des Groseilliers et Radisson remontent vers le lac Nipissing (North Bay). En ces lieux, la paix ressemble souvent à la guerre. Pourchassés par les Iroquois, ils les distancient. Pêchant, chassant, cueillant des fruits pour se sustenter, ils gagnent le sault Sainte-Marie, d'où ils suivent vers l'ouest la rive sud d'un immense lac (Supérieur), qui leur semble être une mer. Sur la baie de Chequamegon qui s'ouvre devant eux, ils bâtissent un fortin.

Hurons, Outaouais et Ojibwés ont été évincés de ce pays par les Iroquois. Des Groseilliers et Radisson partent à la recherche de ces alliés qui, les a-t-on informés, ont trouvé refuge sur le territoire des Sioux, peuple encore inconnu des Français. Les deux voyageurs trouvent les Hurons. Ils passent un rude hiver parmi eux, font la chasse avec eux. Au printemps, des délégués de la nation sioux invitent les Français à les visiter. Après une célébration à la mémoire des ancêtres à laquelle participent dix-huit nations amérindiennes, Des Groseilliers et Radisson demeurent six semaines parmi les gens de ce peuple. Ensuite, ils traversent le lac (Supérieur). Sur l'autre rive, au nord, des Cris leur conseillent de suivre le grand portage de quatorze kilomètres qui contourne les cascades de la rivière aux Pigeons (Pidgeon River) pour accéder aux rivières et lacs d'un territoire infiniment riche en fourrures (le nord-ouest du Minnesota). Devant le village des Cris où les deux coureurs des bois s'attardent coule une rivière qui s'appellera plus tard Des Groseilliers (aujourd'hui Gooseberry). Des Groseilliers et Radisson regagnent les Trois Rivières à l'été 1660 avec soixante canots combles de fourrures.

Ils s'empressent d'aller proposer au gouverneur d'Argenson, à Québec, un projet que leur ont inspiré leurs conversations avec les indigènes. Ils envisagent de fonder une compagnie pour explorer une région peu connue, la baie d'Hudson, qui déjà attire pêcheurs, chasseurs et commerçants de plusieurs nations. Les Français devraient, avant toute autre nation prônent-ils, s'emparer de ce territoire, s'y installer, imposer la loi royale sur la terre et sur les eaux, prospecter ses minerais, exploiter ses richesses. Le gouverneur d'Argenson rejette cette idée, convaincu que l'avenir de la colonie réside dans son épanouissement le long de la vallée du Saint-Laurent. Il accuse les deux coureurs des bois de traite illicite, leur impose une amende et fait arrêter Des Groseilliers.

Le coureur des bois trouverait-il en France une oreille plus sympathique à son projet? Aussitôt qu'il est libéré, Des Groseilliers s'embarque pour la France. Nicolas Fouquet, le surintendant aux Finances, est parvenu à équilibrer le budget national, grevé par les dépenses de la guerre. D'autre part, Fouquet n'a aucun scrupule à profiter des avantages de son poste. Il se fait construire une résidence digne de sa fortune à Vaux-le-Vicomte. Le fameux peintre Charles Le Brun en fait la décoration à la tête d'une armée de dix-huit mille artisans, charpentiers, ébénistes, sculpteurs, peintres, tapissiers et doreurs. André Le Nôtre, jardinier du roi, en dessine les jardins. En quatre ans, Fouquet a dépensé pour son château une somme représentant plus des trois cinquièmes du revenu annuel du trésor de France.

Le 17 août 1661, Louis XIV qui, à vingt-trois ans, rêve de régner sur l'Europe, assiste avec sa mère, Anne d'Autriche, à l'inauguration du château. Sept mille invités sont de la fête. Dans le jardin, des centaines de jets d'eau jaillissent, au son de la musique, dans un féerique ballet aquatique. Au dîner, on sert cailles, faisans et autres gibiers dans des plats d'or. Le roi, indigné par tant d'opulence, murmure à Anne d'Autriche : « Mère, est-ce qu'on devrait faire dégorger ces gens ? » Après le dîner, des feux d'artifices tracent dans le ciel, en une dentelle de lumière, l'initiale « L ». Cela n'apaise pas Louis XIV qui, peu de temps après, demande à d'Artagnan et à ses mousquetaires d'arrêter Fouquet.

S'il n'a pas participé à ces festivités, Des Groseilliers revient à Québec très satisfait d'avoir conclu une entente avec Arnaud Peré, marchand à La Rochelle : l'un de ses vaisseaux prendra Des Groseilliers, Radisson et leurs hommes à l'île Percée (Gaspésie) et les mènera enfin à la baie d'Hudson.

Les colons qui vivent le long du Saint-Laurent ont d'autres préoccupations. Le 7 janvier 1663, ils ont compté trois soleils dans le ciel… La nuit, plusieurs ont aperçu un serpent de feu avec de grandes ailes qui planait dans les airs. Une autre nuit, une boule de feu est apparue au-dessus de Québec et la nuit s'est transformée en jour ; ce même globe de feu a été vu au-dessus de Ville-Marie. Les habitants ont la prémonition qu'une calamité va s'abattre sur eux. Le 5 février 1663, à 5 h 30 de l'après-midi, le tonnerre gronde. La terre grogne comme une bête ; soudain, elle secoue son dos. Dans les maisons, les pots tombent des tablettes, les tables, chaises, berceaux valsent et se heurtent, les cheminées de pierre se déchirent, les soliveaux se tordent, se cassent, les plafonds et les planchers s'ouvrent. À l'extérieur, sous la neige épaisse, la terre exhale des bouffées chaudes. Du feu en jaillit. Les animaux sont devenus fous. Dans les clochers, les cloches sonnent. Les maisons s'écroulent. La cendre tombe comme de la neige sur les villages. Les arbres s'enfoncent dans la terre comme s'ils étaient tirés par les racines. Dans les puits, l'eau a pris le goût du soufre. À travers la glace craquelée, une boue noire déborde du fleuve. L'eau des rivières a la couleur du sang. Des rivières sont sorties de leur lit. Des montagnes ont sauté ailleurs, dans d'autres paysages. L'une d'elles a même formé une île nouvelle dans le Saint-Laurent. (Aujourd'hui, on reconnaît qu'en 1663 a eu lieu un tremblement de terre d'une importance majeure à partir du Saint-Laurent jusqu'à la rivière Hudson. On a évalué sa puissance à une magnitude de 7 sur l'échelle de Richter. Les secousses furent ressenties sur une superficie de plus de mille deux cents kilomètres carrés.)

En mai 1662, Des Groseilliers, Radisson et une dizaine de compagnons canotent sur le Saint-Laurent vers l'île Percée, qui est connue comme le port où l'on charge dans les bateaux les fourrures que les habitants du pays font passer frauduleusement en Europe. Pour quelque raison, le capitaine du vaisseau du sieur Arnaud Peré ne peut accueillir les explorateurs. Très ennuyés que leurs affaires soient entravées par des Français, Des Groseilliers et Radisson iront à Boston, espérant trouver des appuis des Anglais pour leurs futurs voyages.

Pierre Dubois Davaugour, le gouverneur de la Nouvelle-France, est persuadé que le roi de France et la cour devraient être mieux informés des richesses que recèle sa colonie. Il choisit un messager qui ne passera pas inaperçu. Pierre Boucher de Grosbois est un explorateur, un voyageur, un soldat, et surtout un héros. En 1653, six cents Iroquois ont encerclé son fortin des Trois Rivières. Hors de l'enceinte, ils ont brûlé les maisons, les étables, ont tué les bestiaux. Pour se défendre, Pierre Boucher n'avait avec lui que quarante vieillards et adolescents. Ils ont résisté pendant neuf jours. Alors les Iroquois leur ont offert la paix. C'était assurément un piège. Ne voulant pas exposer ses compagnons, Pierre Boucher est sorti seul du fort et il a marché vers les six cents Iroquois. Seul, il a exigé d'eux le retour de tous les prisonniers français et sauvages qu'ils détenaient. Et seul, il a convaincu les Iroquois de se présenter à Québec et de demander la paix au gouverneur.

Le robuste et rude Pierre Boucher se présente à Versailles dont, cinquante ans auparavant, le poète Mathurin Régnier décrivait les courtisans :

Tous ces beaux suffisants, dont la cour est semée
Ne sont que triacleurs (charlatans) et vendeurs de fumée.
Ils sont beaux, bien peignez, belle barbe au menton...

Le jeune Louis XIV interroge Pierre Boucher « sur l'estat du pays ». Le voyageur lui rend un « fidelle compte ». L'ayant écouté, Sa Majesté lui promet « qu'elle secourrerait le pays et le prendrait sous sa protection » et demande au sieur de Monts d'aller inventorier les besoins de la colonie.

Après une traversée interminable, le vaisseau qui transporte l'émissaire du roi arrive à Tadoussac le 27 octobre 1662. C'est déjà le temps de rentrer en France, pour éviter les tempêtes d'automne. Le sieur de Monts tient à voir Québec, où il descend accompagné de deux cents soldats et colons. Il passe dans la ville la journée du 28 octobre avant de se rendre aux Trois Rivières, un voyage de deux jours, pour assister à l'installation du nouveau gouverneur de ce poste, Pierre Boucher, que Louis XIV récompense d'avoir sauvé cet établissement. Le 3 novembre, le sieur de Monts entreprend, « bien content », son voyage de retour en France. À la cour, le sieur de Monts claironne : « L'on peut faire en ce pays un royaume plus grand et plus beau que celui de France. »

Insatisfait des résultats que la Compagnie des Cent-Associés a obtenus au Canada, le roi l'abolit et désigne un commissaire, Louis Gaudais-Dupont, pour « examiner le Canada » sous les aspects suivants : finances, justice, commerce, ressources naturelles, défrichement, agriculture, population, querelles entre le clergé et les administrateurs. Le roi veut savoir ce que lui coûte cette Nouvelle-France, ce qu'elle lui rapporte, et de quelle manière elle pourrait lui être de meilleur avantage. Durant son périple de deux semaines, Gaudais-Dupont passe une semaine à Québec, quelques jours aux Trois Rivières et le reste à Ville-Marie.

Des marchands de Boston, impressionnés par les connaissances et l'expérience de Des Groseilliers et Radisson, se joignent avec enthousiasme à leur entreprise, mais leurs tentatives d'expéditions à la baie d'Hudson sont désastreuses. Des Groseilliers et Radisson concluent que pour réussir dans cette baie inhospitalière aux rives rugueuses ils ont besoin d'un soutien financier plus substantiel. Pourraient-ils le trouver en Angleterre ?

Après avoir été capturés par un corsaire hollandais et déposés en Espagne, les deux voyageurs parviennent enfin à Londres qui, en 1665, est ravagée par la peste. Ils présentent leur projet à qui accepte de les entendre. Robert de Bavière, le prince Rupert, qui manifeste de l'intérêt pour cette aventure, parvient à persuader son cousin, le roi Charles II, ainsi que des marchands, de participer au financement de l'entreprise.

27

Des soldats à rubans contre les « barbares »

Dans une lettre du 18 mars 1664, Jean-Baptiste Colbert, le surintendant aux Finances, annonce à l'évêque de Québec, François
de Montmorency-Laval, que Louis XIV a exprimé la volonté de
« ruiner entièrement ces barbares ». Il parle des Iroquois. Venus
de France à l'été 1665, mille trois cents soldats du régiment de
Carignan-Salières débarquent à Québec, devant les habitants
impressionnés par leurs justaucorps bruns à revers bleus et leurs
pantalons bleus. Deux cents autres soldats, commandés par le
marquis Alexandre de Prouville de Tracy, arrivent de la Mar-
tinique, où les troupes royales faisaient campagne. Quand les
navires accostent, les cloches de l'église sonnent à toute volée.

La ville est alors habitée par cinq cent quarante-sept colons.
(La population totale du Canada ne dépasse pas encore trois
mille deux cent quarante-six colons, selon le recensement de
1666.) On doit trouver des gîtes aux soldats, les nourrir. Plusieurs familles n'ont guère de quoi se sustenter ; pourront-elles
nourrir un ou deux jeunes hommes de plus ? D'un autre côté,
quand ils ne seront pas en campagne, les soldats pourront aider
aux travaux dans les champs, les forêts, sur les routes à réparer,
à construire.

Les Iroquois terrorisent les colons, gênent l'évangélisation
des autres nations sauvages et, surtout, nuisent au commerce des
Français en détournant leurs fourrures vers les traiteurs anglais.
La mission de Tracy, au Canada, est de les exterminer. D'abord,
pour la défense des colons de Ville-Marie, il fera construire des

redoutes. Ensuite, il veut inspirer aux colons du Canada une nouvelle attitude : en face des Iroquois et des commerçants anglais, ils doivent cesser de se percevoir comme des victimes assiégées et manifester plutôt une volonté de conquérir. Les voies navigables que suivent les Iroquois doivent être contrôlées. Pour cela, Tracy fera construire quatre forts le long de la rivière des Iroquois et un fort sur l'isle La Motte, dans le lac Champlain. Ces forts endigueront les Iroquois s'ils montent vers Ville-Marie et serviront de bases aux Français pour lancer leurs expéditions au sud du lac Saint-Sacrement (lac George).

Avant tout, Tracy surprendra les Iroquois pendant l'hiver. Durant cette saison, l'usage qui convient à tous est de poser les armes pour les reprendre au printemps. Tracy rompra avec cette coutume. Il ne craint pas l'hiver : il a déjà combattu durant la saison froide, en Allemagne.

Le 9 janvier 1666, les Algonquins qui doivent guider les troupes françaises vers les territoires iroquois ne se présentent pas parce que, la veille, ils ont célébré avec « moult libations » leur départ en campagne. Malgré cela, et malgré les bises acérées, Tracy, « lieutenant général dans toute l'étendue des terres de notre obéissance situées en l'Amérique Mérédionale et Septentrionale », donne l'ordre de s'élancer à la chasse aux Agniers. Les quatre cents soldats du gouverneur de Courcelle se mettent en marche dans la neige épaisse. Pour parer au froid, les soldats venus de France ont ajouté un foulard à leur justaucorps, par-dessus leur col qu'ils ont refermé, et ils en ont rabaissé les manches. Les bottes n'étant plus à la mode à la cour, les soldats sont chaussés de souliers fins ornés de rubans colorés. La plupart ont cependant jugé prudent de porter une seconde paire de bas. Deux cents Canadiens les accompagnent ; ils ne peuvent retenir quelques quolibets sur l'accoutrement des néophytes français qui s'engagent dans le silence enneigé de la forêt. Les engelures, bientôt, brûlent leurs orteils, leurs doigts, leurs oreilles. Tandis que les Canadiens, à la manière des Sauvages, tirent leur paqueton sur des traînes, les soldats français sont écrasés par le fardeau qu'ils portent sur le dos : armes, munitions, peaux d'ours, couvertures, provisions. Les Canadiens marchent en raquettes, mais les Français s'enlisent, s'épuisent, retardent l'expédition.

Privé de guides, le détachement de Courcelle a dévié de son itinéraire. Alors qu'il est encore à trois jours des villages qu'il est venu détruire, des chasseurs agniers surgissent au moment où les soldats s'apprêtent à manger. À la fin de l'échauffourée, les Agniers célèbrent la mort d'une douzaine de leurs ennemis. Ils ont aussi pris deux prisonniers. Courcelle constate cependant, dans sa troupe, des pertes beaucoup plus élevées, mais les jours suivants des disparus réapparaissent, expliquant qu'ils se sont égarés pendant l'escarmouche.

Le 15 février 1666, les Français aperçoivent la fumée des cheminées d'un village. C'est Corlaer (aujourd'hui Schenectady, État de New York). Croyant leur village attaqué, les Hollandais courent à leurs armes. Heureusement, la Hollande et la France sont en paix. Courcelle demande aux Hollandais la permission de se reposer chez eux. Il apprend qu'ils ont cédé la Nouvelle Amsterdam (New York) aux Anglais. Cette information confirme au gouverneur de la Nouvelle-France que « le Roi d'Angleterre mettait la main sur toute l'Amérique ».

Courcelle revient à Québec. Il a perdu, dans cette expédition, une soixantaine d'hommes : les uns tués par les Agniers, les autres morts de froid, d'exhaustion ou de maladie. Quant aux adversaires, ils ont souffert peu de dommages mais ont constaté que les Français ont osé pénétrer plus loin que jamais dans leur territoire. Certains chefs souhaitent parlementer avec eux. Quelques mois plus tard, Garakontié et un groupe d'Agniers se présentent à Québec avec Charles Le Moyne de Longueuil et de Châteauguay, un prisonnier qu'ils restituent aux Français.

Pour sonder leurs sentiments véritables, Tracy députe des représentants au pays des Agniers. Durant cette mission, son neveu est tué et son cousin est enlevé. Apprenant ces forfaits, Tracy, en colère, emprisonne les vingt-quatre délégués agniers venus discuter de paix. Puis, après avoir fait construire des redoutes autour de Ville-Marie, il lance trois cents hommes vers les villages ennemis. En route, ils rencontrent le Bâtard flamand (Jan Smits), un chef agnier fils d'un Hollandais et d'une femme de la nation agnier : il se rend à Québec pour remettre ses prisonniers français et se joindre à ses frères qui veulent faire la paix. Les Français n'attaquent pas le Bâtard flamand, mais quand le chef arrive à Québec, Tracy l'emprisonne avec les autres délégués. Le lieutenant général Tracy a appris que, pour obtenir la paix, il faut faire la guerre.

Le 3 octobre 1666, six cents soldats réguliers, cent miliciens de Ville-Marie et une centaine de Hurons et d'Algonquins sont rassemblés au fort Sainte-Anne, sur le lac Champlain. De là, ils franchissent plus de soixante lieues, souvent sous une pluie froide. À leur approche, les Agniers ont déserté leurs villages. Sans opposition, les Français avancent dans le pays, incendient quatre villages, font main basse sur les provisions. À Andaraqué, prenant possession du territoire au nom du roi, les hommes de Tracy plantent un poteau portant les armoiries de Louis XIV. À leur retour, la tempête souffle si fort sur le lac Champlain que deux de leurs canots sont renversés : neuf rameurs se noient.

Les Français n'ont même pas aperçu leurs ennemis. Dans une lettre du 5 novembre 1666, l'intendant Talon, à Québec, dit regretter que, lors de cette dernière campagne, les Français n'aient pas diminué le « nombre des Ennemis des chrestiens ». Il aurait souhaité que, pour « tant de chrestiens égorgés et brûlés », les Agniers eussent été punis de mort ou envoyés aux galères. Quelques jours après, Talon recommande à Colbert, le surintendant aux Finances, que la France fasse « la conquête ou l'acquisition de la Nouvelle Hollande ». Outre le fleuve Saint-Laurent, le Canada acquerrait ainsi, fait-il valoir, une seconde entrée, maintenant gardée par les Anglais. La présence française sur les terres peuplées d'Iroquois empêcherait que les pelleteries ne soient détournées vers les Hollandais de Manate (Manhattan) ou les Anglais d'Orange (Albany). De plus, les Anglais « seraient enfermés dans les limites de leur territoire ».

Pour démontrer la détermination des Français à la délégation des Agniers qu'il a fait prisonniers, Tracy, le soldat implacable, fait pendre devant leurs yeux l'un de leurs frères qui a commis quelque impudence.

Après tant de guerres tribales qui ont éclaté du nord de la Nouvelle-France jusqu'à la Virginie, et dans l'ouest au-delà des Grands Lacs, la nation iroquoise éprouve une profonde fatigue. Elle a perdu trop de ses guerriers dans des conflits avec d'autres peuples autochtones. Des étrangers, maintenant, envahissent le territoire des nations indigènes. Peuvent-elles continuer d'être ennemies l'une de l'autre ? Ne devraient-elles pas s'unir pour repousser les envahisseurs ?

Le régiment de Carignan-Salières a été posté en Nouvelle-France ; cependant, les colons ne devraient pas compter que sur les soldats de France mais contribuer à leur propre défense. Louis XIV institue une milice canadienne. Désormais, tout habitant de seize à soixante ans en état de porter les armes fera partie de la milice de sa paroisse. Le 3 avril 1669, le roi émet un ordre à Courcelle, le gouverneur, de diviser ses sujets par compagnies qui, une fois par mois, s'exerceront au maniement des armes. Les miliciens devront être « toujours bien armés » et avoir « toujours poudre, plomb et mèches nécessaires ». Chaque paroisse devra fournir au moins une compagnie d'environ cinquante hommes. Le gouverneur de la Nouvelle-France est le commandant, et il a le pouvoir de les employer à des tâches non militaires d'intérêt public.

Affairés à leurs éreintantes besognes quotidiennes, les colons expriment peu d'enthousiasme pour cette nouvelle obligation. Cependant, ces défricheurs sont habitués à vivre dans la nature, sur les rivières, sur les lacs, dans les forêts. L'hiver, ils savent marcher en raquettes, ils sont endurants, tenaces, robustes. Ils ont appris des Sauvages comment se protéger des moustiques, comment dormir sous la pluie et dans le froid enneigé. Bientôt le gouverneur de Courcelle rapportera au ministre aux Colonies que, parmi les troupes régulières du roi, il n'y a pas trois cents soldats capables de suivre les miliciens canadiens.

La politique au Nouveau Monde n'est pas moins emberlifi-
cotée qu'elle l'est en Europe. Dans l'Ouest, les Tsonnontouans
traitent de plus en plus avec les Anglais. En 1669, leur chef est tué
par des Français. Une délégation tsonnontouane vient se plaindre
de ce crime au gouverneur de Courcelle qui, pour les apaiser, fait
exécuter devant leurs yeux trois Français. L'amitié des Français
est désirable, mais les Cinq-Nations (Agniers, Tsonnontouans,
Onneiouts, Onontagués et Goyogouins) peuvent-elles être en
paix avec eux s'ils continuent d'implanter des postes autour des
Grands Lacs ?

28

« Les vrais et absolus seigneurs et propriétaires »

En Angleterre, Médard Chouart des Groseilliers et Pierre-Esprit Radisson, avec leurs partenaires britanniques, s'embarquent en 1668 sur le ketch *Eaglet* et un plus petit navire, le *Nonsuch*. Peu après la mise à la voile, le *Eaglet*, avarié par une tempête, doit retourner au port après avoir été rafistolé. Radisson, à son bord, rentre en Angleterre. Il emploie son hiver à rédiger ses mémoires. Presque quatre mois plus tard, ayant souffert une navigation laborieuse, le *Nonsuch* mouille l'ancre à l'embouchure d'une rivière (Rupert), sur la rive sud de la baie James, le 29 septembre 1668.

Les membres de l'expédition passent l'hiver au fort Charles, qu'ils ont eux-mêmes construit. Au printemps, quelques centaines de Cris viennent troquer leurs fourrures. Dès qu'elles ont rapidement été chargées dans sa cale, le *Nonsuch* rentre en Angleterre. Les membres de l'expédition pensent avoir posé à ce moment, chez les indigènes du lieu, les bases d'une « ligue d'amitié » qui s'épanouira et permettra de « formellement acheter » leur terre.

Aux yeux de Charles II d'Angleterre, cette terre lui appartient déjà parce qu'aucun autre monarque chrétien ne l'a réclamée. À la suite du rapport fourni sur cette expédition, le roi accorde le 2 mai 1670 un monopole par charte royale aux investisseurs de la « Compagnie des aventuriers d'Angleterre traitant dans la baie d'Hudson » qui ont soutenu cette aventure : ils deviennent « les vrais et absolus Seigneurs et Propriétaires de la Terre de Rupert ». Ainsi, la compagnie reçoit des privilèges commerciaux exclusifs sur tout le territoire traversé par les rivières qui se jettent dans la baie d'Hudson, soit presque 2,6 millions de kilomètres carrés du Canada actuel.

Étant retournés à la baie d'Hudson au début de l'été 1670, Des Groseilliers et Radisson, au service de la Hudson's Bay Company, explorent les territoires autour de la baie, fondent des postes de traite afin d'attirer les indigènes dans le réseau du commerce. Chez les dirigeants de la Nouvelle-France, l'action de cette compagnie est ressentie comme une intrusion dans leur territoire. Des Groseilliers et Radisson sont maintenant accusés de traîtrise par les Français qui ont eu la courte vue de rejeter leur projet.

En Europe, Charles II, roi d'Angleterre, d'Écosse et d'Irlande, qui a promis de se convertir au catholicisme, et Louis XIV de France signent une entente dans le plus grand secret le 1er juin 1670 – à la suite du traité de Douvres, leurs deux armées combattront ensemble les Provinces-Unies (Pays-Bas) pour affirmer les droits de Louis XIV dans la succession au trône d'Espagne. En contrepartie, l'Angleterre recevra une aide financière de Louis XIV.

Colbert, le surintendant aux Finances, envisage de stimuler le commerce en vue d'augmenter les revenus de la France. Il encourage, par des investissements et l'octroi de privilèges, la création de manufactures qui produiront de l'acier, du drap et des objets de luxe. Cet effort en vue de favoriser l'exportation est accompagné d'une politique protectionniste qui restreint les importations en leur imposant une taxe élevée. Colbert ambitionne que tout l'approvisionnement soit de source française. Pour la construction des navires, la France, jusqu'ici, a importé le bois des pays nordiques. Colbert commande une étude sur l'état des forêts en France et les manières de cultiver les forêts et de les exploiter. Afin de soutenir l'exportation des produits français, il favorise l'expansion de la marine marchande. Après avoir fait recueillir en Angleterre et en Hollande des informations sur les récentes innovations dans l'art de naviguer, il entreprend la construction de nouveaux navires. En 1661, la flotte royale était formée de trente bâtiments de guerre ; après l'effort de Colbert, elle en comptera cent quatre-vingt-seize en 1671. Colbert crée le port de Rochefort, agrandit ceux de Toulon et Brest, puis il fortifie Dunkerque. Il attire dans la Marine royale des gens de haute naissance pour les postes d'officiers. Il crée une école hydrographique, une fonderie pour les canons et les ancres. À l'exemple des Hollandais, Colbert établit de grandes compagnies à monopole.

Bientôt, plus de cent cinquante navires français rapportent chaque année des Antilles de la canne à sucre, du tabac et du cacao. La France ouvre des comptoirs commerciaux sur les côtes africaines et en Asie. Au début des années 1670, la France plante son drapeau en Inde. Elle régnera sur Pondichéry et Chandernagor, elle contrôlera des comptoirs comme Masulipanan et Surat.

Le peintre Le Brun, directeur de l'Atelier des Gobelins, flatte l'orgueil royal dans une tapisserie où il est proclamé que Neptune a perdu le contrôle de la mer ; c'est maintenant Louis XIV qui règne :

La mer n'a point de bords, de gouffre, n'y d'abyme
Dont il ne soit Roy légitime.

29

« Ce qui se fait là peut se faire ici »

L'intendant de la Nouvelle-France est responsable du commerce, des finances, de la justice, de la police, de la colonisation, du peuplement et des affaires seigneuriales. Il doit veiller à l'approvisionnement de la population, au maintien de l'ordre public. Il doit pourvoir au bon équipement de l'armée, surveiller l'état des prisons. Il doit coopérer avec le gouverneur, ne pas déplaire à l'évêque, éviter les conflits de juridiction avec les autres membres du Conseil souverain, qui compte en tout le gouverneur, l'évêque, l'intendant et cinq membres de la petite noblesse ou de la bourgeoisie. Ce conseil administratif créé en 1663 par Louis XIV édicte les règlements concernant l'ordre public et le commerce. Les responsabilités des membres se chevauchent et se contrecarrent selon leurs intérêts personnels.

Quand il arrive en Nouvelle-France, le 12 septembre 1665, Jean Talon a quarante ans. Ayant de lointaines origines irlandaises, il a fait son apprentissage administratif chez les militaires. Ensuite, dans la province de Hainaut, il a été responsable des routes et des canaux, de l'exploitation des mines et de la répartition des impôts. Il découvre que le défrichement et l'agriculture sont dans un état stagnant. La Compagnie des Cent-Associés ne s'est pas souciée de peupler la colonie, qui a d'ailleurs souvent été dirigée par des hommes médiocres, juge-t-il. Les Iroquois menacent non seulement ses postes éloignés, mais ils osent venir défier les établissements le long du Saint-Laurent. Au lieu de défricher, de labourer, de semer et de récolter, les hommes valides sont réquisitionnés pour faire la guerre. L'agriculture ne parvient pas à nourrir la population. Les revenus de la traite des fourrures périclitent. Sous la terreur « guerrière et assassine » des Iroquois, Talon doute que la colonie puisse avoir un avenir.

D'autres personnes partagent cette appréhension. Pierre Boucher, le gouverneur des Trois Rivières, confesse à la cour de France que, sous la menace des Iroquois, encouragés par les Britanniques, il a lui-même été « en doute si on doit vider le pays ou non ». Marie de l'Incarnation (ex-épouse de Martin Guyart), une religieuse à la tête de sa congrégation, avoue : « L'on projette de tout quitter… »

Pendant ce temps, la Nouvelle-Angleterre progresse. Pierre Boucher a constaté les grandes dépenses que font les Anglais pour amener dans leurs établissements « force de monde ». La Nouvelle-Angleterre compte cinquante mille hommes aptes à porter les armes. La Nouvelle-France, après une soixantaine d'années de colonisation, n'a que deux mille trente-quatre hommes, y compris vieillards et enfants. La Nouvelle-Angleterre construit des vaisseaux, exploite des mines, élève des villes où circulent des « carosses comme en Europe » et qui ont entre elles un service de poste. La bourgade de Pierre Boucher, les Trois Rivières, ne compte que « vingt-cinq maisons dont il y en a dix-huit où l'on donne à boire », se plaint l'évêque. Pierre Boucher philosophe : « Ce qui se fait là peut se faire ici. »

Pour l'intendant Talon, il est d'abord urgent d'accroître la population. De 1628 à 1663, la Compagnie des Cent-Associés avait repoussé autant que possible les huguenots qui, pour échapper à la répression en France, désiraient s'établir en Canada. Pourtant, ces immigrants étaient la plupart du temps bien éduqués et dotés de solides ressources financières. Ceux qui parvenaient au Canada étaient tenus, par un mandement de l'évêque, de faire baptiser et confirmer leurs enfants. Si de jeunes huguenots désiraient se marier, seul un ministre catholique était autorisé à le faire, et un huguenot d'âge mineur pouvait se marier sans le consentement de ses parents si des voisins ou amis catholiques donnaient le leur. La dépouille des huguenots décédés était enterrée dans un champ. Les huguenots ne pouvaient être notaire, juge, apothicaire, chirurgien, sage-femme, huissier ou brigadier. C'est pourquoi beaucoup de huguenots se dirigèrent vers les colonies anglaises.

À la suite de la dissolution de la Compagnie des Cent-Associés, Colbert, le surintendant aux Finances, a créé en 1664 la Compagnie des Indes occidentales qui devait adopter les méthodes des commerçants anglais et hollandais en vue d'égaler leur succès commercial. Comme les précédentes compagnies, celle-ci se préoccupe peu de « l'estendue des habitations » (défrichement) et de « la multiplication de ses colons ». « Assurer des richesses » aux actionnaires… « Colbert n'a-t-il que ce but ? » se demande Talon. Pourquoi a-t-il accordé à cette seule compagnie le monopole de la fourrure, de la pêche et du commerce ? Pourquoi lui a-t-il cédé en plus la propriété du sol, le pouvoir de distribuer les terres et de concéder, créer, gérer des seigneuries, ainsi que de nommer les curés ? Le monopole de la fourrure lui a été accordé pour une durée de quarante ans : une période excessivement longue, estime Talon, quand la fragilité de la colonie exige des décisions innovatrices.

L'intendant n'a pas accès au registre des revenus de la Compagnie des Indes occidentales. Cependant, à son estimation, la compagnie investit pour les « charges ordinaires » de la colonie moins que le montant auquel elle est obligée par l'arrêt du 8 avril 1666. Talon en informe Colbert, qui augmente la somme que la compagnie devra consacrer à la colonisation de la Nouvelle-France. Mais ce montant, constate Talon, est encore beaucoup moins élevé que le seul revenu de la traite qu'elle fait à Tadoussac !

Démontrant un zèle ardent pour la conversion et la sédentarisation des Sauvages, les missionnaires ont acquis un pouvoir considérable. Colbert ironise que les Jésuites ont le pouvoir de nommer non seulement l'évêque du Canada, mais aussi le gouverneur ! Talon croit que le clergé tient les colons en état de « sujétion morale ». Par exemple, l'évêque proscrit la danse. C'est

un abus de pouvoir, alors Talon lui interdit d'interdire la danse !
Deux ans plus tard, l'évêque impose la dîme, une taxe religieuse
fixée au treizième du gain de chaque famille. Talon intervient :
les colons seront incapables de porter ce nouveau fardeau, fût-il
imposé par l'Église. En 1670, l'évêque réclame que soit interdite
la traite de l'alcool avec les Sauvages. Plaidant que la colonie a
besoin de tous les revenus possibles, Talon convainc le Conseil
souverain de voter en faveur de la traite de l'alcool avec les Sauvages, à qui il sera cependant interdit de s'enivrer ! Talon n'a
aucun doute : le pouvoir spirituel devrait être « un peu inférieur
à l'autre ».

À ce moment-ci, en Nouvelle-France, l'Acadie et le Canada
sont des colonies séparées. Talon veut augmenter le volume
de leur commerce mutuel et veut qu'elles puissent se défendre
l'une l'autre. À ces fins, un chemin devrait être ouvert reliant
une série de postes fortifiés entre la vallée du Saint-Laurent
et la baie Française. Deux équipes d'arpenteurs évaluent l'op-
tion d'une route qui serait dans l'axe des rivières Chaudière-
Kennebec ou dans celui de la rivière Saint-Jean. Le projet
sombre. Les rivières Saint-Jean, Etchemin et Chaudière, avec
leurs portages difficiles, demeureront le lien entre l'Acadie
et le Canada.

Bien que Colbert ne souhaite pas dépeupler la France pour
peupler la Nouvelle-France, Talon réussit à attirer mille cinq
cents colons qui, tous, se destinent aux travaux de la forêt et de la
terre. Huit cents soldats venus de France acceptent son invitation
à demeurer au pays. L'intendant réclame que la France lui envoie
immédiatement cent cinquante filles à marier. Il y a une trentaine
d'années, le poète Marc-Antoine Girard sieur de Saint-Amant
se moquait des quelques filles qui s'embarquaient à La Rochelle
pour la Nouvelle-France : « Adieu, maquerelles et garces… » Bien
sûr, tous les colons n'exigent pas que leur future femme ait été
éduquée dans les couvents, ils ne sont pas tous lettrés, honnêtes,
sobres et lavés… Certains sont en Nouvelle-France parce qu'ils
y coûteront moins cher à l'État qu'en prison.

L'Église catholique garde un contrôle absolu sur l'institution du mariage. Les jeunes filles ont le droit de se marier à douze ans, les garçons, à quatorze, mais l'autorisation parentale est requise jusqu'à l'âge de trente ans. Les prêtres réprouvent la conduite fréquemment immorale des « gens de guerre » que, durant l'hiver, les colons doivent loger dans leurs maisons. Les soldats oisifs se conduisent souvent de manière « fort licencieuse » en promettant aux jeunes filles de les épouser. Trop souvent, regrette l'évêque, ses jeunes ouailles suivent la voie du péché pour recevoir le sacrement du mariage. La mode importée de France lui cause aussi bien du souci : ces « habits indécents » laissent voir des « nudités honteuses » à travers la « voile transparente ». Certaines femmes osent même se faire friser les cheveux d'une « manière indigne d'une personne chrétienne ». Devant une telle immoralité, l'évêque n'hésite pas à leur refuser le mariage.

En sept ans, Talon fait venir de France plus de mille jeunes femmes. Par son ordonnance du 20 octobre 1671, les hommes doivent se marier, autrement ils perdront leur privilège de chasse, de traite et de pêche. S'ils ont des jeunes gens célibataires dans leur maison, les pères doivent expliquer à l'intendant les raisons de ce célibat. Les pères de dix enfants légitimes reçoivent une prime qui sera encore plus importante s'ils ont douze enfants ! Huit ans après l'arrivée de Jean Talon à Québec, la population a plus que doublé. En 1673, elle a atteint le nombre de sept mille six cent cinq personnes. Enthousiaste, le gouverneur Louis de Buade de Frontenac prédit que la ville de Québec sera un jour la « capitale d'un très grand empire ».

Talon est persuadé que, si elle est bien travaillée, la terre fera vivre les colons. L'agriculture et la sylviculture engendreront un commerce : on exportera leurs produits. De longues et larges bandes de forêt séparent toutefois les villages, les terres le long du Saint-Laurent, et ce sont des abris où les Iroquois préparent leurs attaques sournoises. Les Anglais pourraient utiliser le même avantage. Pour restreindre l'étalement, l'intendant retire aux Jésuites des terres incultivées pour les répartir entre des colons regroupés. Sous cette impulsion, la surface de terre cultivée augmente de plus d'un tiers en un an.

Talon intéresse les colons à de nouvelles cultures : lin, orge et houblon. Il leur distribue des graines pour les inciter à la culture du chanvre dont ils pourront tirer des cordages, de la toile à voile, du tissu, de l'huile pour les lampes et dont les résidus pourront être servis au bétail. Durant l'hiver, les femmes et les filles, à la maison, tisseront le chanvre et le lin. Ainsi, elles pourront habiller les enfants qui souffrent de « nudité ». L'incitation, parfois, ne lui paraît pas efficace. Talon confisque alors le fil dans les magasins et entrepôts : si les habitants ont besoin de fil, qu'ils sèment et récoltent le chanvre ! Avec le chanvre, on peut même fabriquer des crèmes de beauté. L'intendant rêve de monter une filature. Une fois qu'elles auront satisfait les besoins locaux, les manufactures exporteront leur surplus en France.

Il obtient de Colbert l'autorisation de brasser de la bière à partir du houblon récolté. En vue de favoriser la consommation du produit local, il convainc le Conseil souverain de limiter l'importation des vins et des spiritueux français. Il y a peu de temps, la famine régnait dans la colonie. Deux ans après l'arrivée de Talon, le Canada exporte aux Antilles des pois, de l'orge et du houblon. L'intendant s'applique à ce que soit favorisée l'importation de produits canadiens en France.

L'on a besoin de chevaux, mais pour avoir l'une de ces bêtes, aucun colon n'est capable d'assumer le coût de sa traversée de l'Atlantique. En 1665, à la requête de Talon, Louis XIV fait le cadeau aux colons du Canada de vingt et une juments et de deux étalons choisis dans les écuries royales. Ils se multiplieront. En 1681, soixante-dix-sept étalons et dix-neuf juments seront recensés. En 1698, les colons pourront compter sur la force domestiquée de six cent quatre-vingt-quatre chevaux.

Les initiatives de Jean Talon portent leurs fruits. En 1671, le Canada n'a plus besoin d'importer de France les habituels huit cents barils de lard. À la pointe Lévy (Lauzon, devant Québec), on tanne les peaux de bœuf, d'orignal, de chevreuil, de loup-marin et de marsouin. Avec le cuir, on fait des chaussures. Pour encourager le tissage, Talon distribue des métiers à tisser dans les maisons et même au séminaire. Il met sur pied une fabrique de chapeaux, mais comme il n'a pu réunir les cinquante moutons requis, il doit importer la laine de France.

Puis le Canada est couvert de forêts. Sous l'impulsion de Colbert, la Marine royale de France augmente le nombre de ses navires. Elle aura besoin de bois pour les bâtir. Par ailleurs, le commerce ne peut que croître entre le Canada et les Antilles; il faudra aux marchands plus de vaisseaux. Il leur sera donc indispensable d'avoir du bois. Ensuite ils iront dans les îles vendre du bois, de l'huile de loup-marin, des pois, de la morue, et revenir chargés de sucre et de rhum. Il faudra aussi du bois pour fabriquer les barriques. Voilà des débouchés prometteurs !

Alors il faut construire des moulins à scie. « La colonie ne disposant pas d'ouvriers qui savent le faire, et comme la France est en paix avec l'Angleterre, serait-il possible que des ouvriers de la Nouvelle-Angleterre viennent travailler en Canada ? » s'enquiert Talon.

Déjà, l'on produit du bois, du goudron, des cordages, et des forgerons fabriquent des ferrements. On construit des barques et des pinasses. Ne serait-il pas logique d'asseoir à Québec une industrie navale ? Talon fait mettre en chantier des bateaux de vingt et quarante tonneaux, mais aussi un vaisseau de huit cents tonneaux. Encadrés par un contremaître et quelques charpentiers de navires venus de France, des charpentiers et des soldats s'initient à la construction navale.

Aux Antilles, on a importé des esclaves d'Afrique pour travailler dans les plantations et faire tourner les moulins seize heures par jour. La main-d'œuvre étant rare au Canada, des bourgeois proposent qu'on achète des « esclaves nègres » aux Antilles quand les bateaux arrivent de Guinée. Le procureur général rapporte que « Sa Majesté trouve bon que les habitants du Canada y fassent venir des nègres pour y faire la culture ». Cependant, le Roi Soleil s'inquiète : comment les nègres, habitués à vivre nus dans un climat chaud, survivront-ils sur les glaces du Canada ? Le procureur général a prévu toutes les objections : les « nègres » se vêtiront de peaux de castor. Portant la fourrure sur leur corps, les nègres l'engraisseront. Et la fourrure grasse se vend deux fois le prix de la fourrure sèche. Ainsi, à la fin, il n'en coûtera rien pour habiller les « nègres » en hiver ! Louis XIV écrit au gouverneur Frontenac le 7 juin 1689 : « Il est certain que la colonie en tirerait un grand avantage pour la culture des terres et pour les défrichements. » Des années plus tard, on supputera encore le soutien qu'apporteraient des esclaves.

Talon envoie une équipe à Gaspé pour prospecter des mines de charbon. Il n'était pas nécessaire d'aller si loin. Son ingénieur découvre une mine de charbon dans la falaise qui surplombe le fleuve, à Québec, juste au-dessous du château Saint-Louis, la résidence du gouverneur.

Chaque année, des centaines de bateaux français, hollandais, portugais et espagnols déchargent de la morue séchée en Europe. Des vaisseaux de Boston vont livrer au Levant des cargaisons de poisson de l'Acadie. Voilà d'importants marchés dont la Nouvelle-France devrait profiter. Talon encourage les pêcheurs à s'établir sur les rives de leurs lieux de pêche ; quand ils seront occupés sur leurs bateaux, leur famille travaillera la terre et contribuera à leur alimentation. La saison terminée, les pêcheurs défricheront, feront la chasse. Peu à peu, des établissements se formeront en Gaspésie, au Labrador, en Acadie.

L'intendant est conscient que le commerce du Canada se heurte à un obstacle irréversible : la navigation sur le Saint-Laurent est bloquée durant six mois de l'année par des brouillards, des marées tourmentées et de la glace. Après avoir lu dans les *Relations* des Jésuites que les indigènes connaissent une belle rivière qui se jette dans la mer du Sud, Talon donne à René-Robert Cavelier de La Salle, en 1670, la mission d'aller explorer cette rivière et de « trouver l'ouverture vers le Mexique ». Il a été fort impressionné par Cavelier, ce jeune aventurier né à Rouen, fils de la haute bourgeoisie, qui, après avoir été privé d'un héritage parce qu'il se destinait à entrer en communauté, est venu chercher fortune au Canada. Il y a un an, Cavelier a vendu une partie de sa seigneurie pour engager un équipage et un interprète hollandais, et avec neuf canots il s'est élancé vers les pays iroquois dans l'espoir d'atteindre l'Ohio. L'intendant trouve indispensable que le Canada soit doté d'un port de mer ouvert en toute saison et d'où la navigation échappera à l'hiver.

En attendant, il construit des entrepôts sur les côtes de l'Acadie. N'ayant pas à remonter le Saint-Laurent, les navires de France pourront faire deux traversées durant la saison navigable plutôt que d'être limités à une seule. Ces entrepôts, en sus, insuffleront de la vie au commerce presque inexistant entre la Nouvelle-France et l'Acadie. Le commerce créera un lien entre ces deux colonies françaises qui sont presque étrangères. Grâce à ses terres favorables à l'élevage, l'Acadie procurera à la Nouvelle-France de la viande et du charbon de la mine du cap Breton. En échange, la Nouvelle-France livrera à l'Acadie des céréales et de la farine. Ainsi l'Acadie ne sera plus forcée de s'approvisionner chez les Anglais, à Boston.

La Nouvelle-France possède un réseau de fleuves, de rivières et de lacs exceptionnel. Si l'on veut découvrir le passage vers la Chine, estime Talon, il faut soutenir les voyageurs en ravivant le commerce des fourrures. Les Français ont perdu leur monopole : les Iroquois embusquent les Outaouais et les coureurs des bois pour revendre leurs fourrures aux Anglais ou aux Hollandais. Talon a appris des Outaouais que les plus belles fourrures proviennent du nord. Il envisage donc la construction de deux forts, au nord et au sud du grand lac des Iroquois, qu'on appelle aussi Ontario, pour y surveiller la navigation. Ils serviront aussi de comptoirs de traite et d'entrepôts. Les Français devront, en plus, établir d'autres postes sur les lacs au nord, où vivent plusieurs tribus sauvages, et sur le grand lac au pays de la Nation du Chat (« Érié » en langue iroquoise). Enfin, Talon rêve de bâtir à la baie d'Hudson un entrepôt pour « fournir des rafraîchissements » aux vaisseaux qui viendront dans ces eaux.

Jean Talon retourne définitivement en France en 1672. Il n'est pas resté assez longtemps à Québec pour changer les habitudes des colons ni celles de l'administration. Dès qu'il est parti, on oublie sa politique agricole. Et Frontenac, le nouveau gouverneur de la Nouvelle-France, met fin à son rêve de construire des navires à Québec : il n'y a pas d'avantage, assure-t-il à Colbert, « à s'amuser à les faire bâtir ici ».

En juillet 1673, Frontenac installe un fort à l'embouchure de la rivière Cataracoui (à l'endroit de ce qui deviendra Kingston), sur le lac Ontario, dans le but de s'approprier avant les Anglais les réseaux de la traite dans le sud-ouest. Les Cinq-Nations iroquoises sont toutefois excédées de voir un fort français sur leur territoire. Et les habitants de Montréal ne protestent pas moins, les hommes ayant été embrigadés dans une corvée pour la construction du fort. Qui labourera les champs ? Qui défrichera ? Qui fera les récoltes ? Les marchands soupçonnent Frontenac, qu'ils savent lourdement endetté, de vouloir s'emparer de la traite en détournant vers le fort Cataracoui le flot des fourrures qui, jusqu'à maintenant, viennent à Ville-Marie.

François-Marie Perrot, le gouverneur de Ville-Marie, qui vient à peine d'ouvrir un poste de traite sur un îlot situé un peu à l'ouest de sa bourgade, ajoute sa voix à ces récriminations. Frontenac le fait arrêter. François de Salignac, un missionnaire sulpicien, lors de son sermon de Pâques à l'église de Montréal, le 25 mars 1674, reproche à Frontenac d'avoir abusé de son pouvoir en forçant les habitants à travailler à la construction du fort Cataracoui. Il dénonce aussi la justice sommaire faite à Perrot et lance une pétition contre cet emprisonnement arbitraire. Frontenac ordonne l'arrestation de Salignac. Le fort Cataracoui deviendra un passage obligatoire pour les canots de fourrures.

30

La mer n'est plus qu'à dix jours

Au printemps 1673, Louis Jolliet, avec sept compagnons et le jésuite Jacques Marquette, était descendu dans la vallée du Mississippi jusqu'au seuil des territoires qui formeront plus tard l'Arkansas et la Louisiane. En 1676, Jolliet avait essayé de convaincre Colbert, devenu secrétaire d'État à la Marine et aux Colonies, d'autoriser la colonisation de la vallée de l'Illinois et du territoire où coule le Mississippi avant que les Anglais ne s'avisent de convoiter ces très belles terres. Il échoua. Colbert ne souhaitait pas diluer la faible population de la Nouvelle-France pour peupler ces pays. Alors ne pouvait-il pas y expédier plus de Français ? Colbert croyait déraisonnable de dépeupler la France pour peupler une colonie qui rapportait peu.

Deux années plus tard, le 12 mai 1678, Louis XIV autorise enfin Cavelier de La Salle à explorer les terres entre la Nouvelle-France et la Floride. Selon sa commission, Cavelier sera le seigneur des terres qu'il découvrira et de celles que les Sauvages lui auront abandonnées. Il aura toutefois l'obligation de les peupler et de disséminer des postes dans les villages illinois, au sud de la future Chicago, le long de la rivière des Illinois. Des missionnaires, le Belge Louis Hennepin et le Français Daniel Greysolon Duluth, parcourent déjà ce territoire qui deviendra le Minnesota.

Au début de leur expédition, dans l'ouest de ce qui sera plus tard l'État de New York, Cavelier et son parti passent quatre semaines dans un village tsonnontouan. Les Illinois en déduisent que Cavelier est un allié des Cinq-Nations iroquoises, leurs ennemies mortelles. Par ruses et mensonges, ils tentent alors de le dissuader de descendre le Mississippi, qu'ils décrivent comme terrible, dangereux et mortel. Pris de panique, six des compagnons de Cavelier le désertent. Pendant ce temps, Henri de Tonty, l'un des hommes qu'il a laissés derrière lui, élève un fort à la pointe sud de l'une des mers intérieures de ce pays (le lac Michigan). Ce sera le fort Chicago.

Petit à petit, Cavelier gagne la confiance des Illinois. Non loin de Peoria, l'un de leurs villages, il établit en 1680 un fort auquel il donne le nom de Crèvecœur en souvenir des épreuves que ses hommes et lui ont surmontées : gels, dégels, marches éreintantes, fièvres, blessures aux pieds, membres cassés. À l'horizon menace le danger que les Anglais implantés dans les Carolines viennent « en barque jusqu'aux Illinois, aux Miamis (au sud du lac Michigan) et proche de la Baye des Puants (Green Bay, Michigan) et du païs des Nadouessioux et tire[nt] par la une grande partie de notre commerce ».

Ces forts que plantent sur leur passage Cavelier et ses hommes ne sont que des cabanes de troncs d'arbres entourées d'une palissade de rondins verticaux aiguisés à leur tête. Leur défense n'est assurée que par une vingtaine de soldats. Près de cinq cents traiteurs sillonnent déjà les terres des Illinois. Les chasseurs et les négociants en fourrures font des haltes à ces forts pour vendre ou s'approvisionner. Les soldats de la garnison se découvrent très vite un intérêt pour la traite.

S'aventurant toujours plus au sud, Cavelier de La Salle, accompagné de vingt-trois Français et de dix-huit Sauvages, parvient en 1682 au fleuve Mississippi, puis à l'embouchure de la rivière Missouri. Ses hommes rament dans leurs canots, fatigués, dévorés par les moustiques. Après cinq autres jours d'efforts, ils aperçoivent l'embouchure de la Belle Rivière (Ohio) et sont ébahis par la beauté de la nature. N'ont-ils pas mérité un peu de repos ? On pose le camp aux environs de la future ville de Memphis. Pierre Prud'homme, l'un des hommes de la troupe, part à la chasse. Cavelier de La Salle rêve : *Si l'on trouvait la mer*

Vermeille, quelle bénédiction ce serait ! Libérée de la dictature glacée de l'hiver, la Nouvelle-France aurait une voie de communication ouverte à longueur d'année. On doit laisser un fort à cet endroit. Les hommes commencent à abattre des arbres. Quelques jours plus tard, Prud'homme, le chasseur qui s'est égaré, réapparaît à la dérive sur le fleuve, serrant dans ses bras une bille de bois. Il est presque mort de faim. Le nouveau fort portera son nom.

Et l'on remonte dans les canots sur le Mississippi. Le 12 mars 1682 : alerte ! Cris de guerre. Colère des tam-tam. Les Arkansas protestent contre la présence de ces étrangers sur leur territoire. Cavelier descend parlementer avec eux. Il évoque ce roi puissant, de l'autre côté du Grand Lac, qui désormais comme un père protégera ses enfants. Ces paroles les apaisent. On fume le calumet. Au nom du roi puissant, Cavelier prend possession de leurs terres. Les Arkansas participent à la cérémonie : harangues, chants, danses. Selon leurs habitudes, ils manifestent leur amitié par des caresses. Les mains des Sauvages glissent sur le corps des Français.

C'est le temps de repartir. Les Arkansas, nouveaux amis des Français, apportent des ravitaillements. Quinze lieues plus loin, Cavelier et ses hommes rencontrent la rivière Arkansas que Jolliet avait vue en 1673. Ils rament. Et rament. Le 22 mars 1682, ils sont accueillis par les Taensas, exceptionnellement beaux et doués, selon Cavelier, d'une « partie des qualités que possèdent les gens policés ». Plus loin, les Corrois lui annoncent une bonne nouvelle : la mer n'est plus qu'à dix jours !

Elle leur apparaît le 7 avril. Les hommes explorent le delta du Mississippi et, le 9 avril, Cavelier de La Salle, dans un uniforme rouge décoré de galons d'or, annonce aux échos : « Je prends possession de toute la terre vidée par ce fleuve au nom de Louis XIV, roi de France et de Navarre. » Les Français deviennent ainsi, croient-ils, les propriétaires du bassin de la rivière Mississippi où habitent les peuples Dakota, Cheyenne, Lakota, Oglala, Crow, plusieurs autres peuples guerriers, ainsi que les Natchez, plus au sud. Sans le savoir, tous ces peuples sont devenus sujets du Roi

Soleil ! Salves de mousquets ! Hymnes ! Bénédictions ! Cavelier plante une croix. On élève une colonne portant les armoiries royales. Et Cavelier enterre une plaque de cuivre portant l'inscription que les Français, venus en cette terre, se la sont appropriée. Ce glorieux moment est malheureusement gâté par la pensée qu'ils n'ont à manger que de la chair de crocodile et de ces pommes de terre à peine bonnes pour les animaux.

Par quelques ondées de flèches, les habitants du Mississippi font savoir qu'ils sont peu enchantés de la visite de ces étrangers. Les Français redoutent que la colère des Sauvages ne s'envenime. Dès le lendemain, le 10 avril 1682, les canots de Cavelier remontent vers le Canada. La fatigue, les soucis, l'alimentation inadéquate ont rendu Cavelier malade. À Michillimakinac, il apprend que le fort Niagara a été incendié par les Iroquois.

Quand Joseph-Antoine Le Febvre de La Barre arrive à Québec pour remplacer Frontenac et assumer ses responsabilités de gouverneur en septembre 1682, il trouve la ville à demi détruite par un incendie survenu le mois précédent. Il réunit des personnes d'importance pour discuter du péril iroquois qui menace la colonie et envisager des manières d'écarter ce danger. S'il est déjà prévenu des ferventes rivalités entre les marchands français et anglais, le gouverneur apprend la frustration des marchands de Ville-Marie : la traite qui se fait au fort Frontenac nuit à leur commerce. De leur côté, les Iroquois, qui préfèrent traiter avec les Anglais, réclament que Cavelier de La Salle, et par le fait même tous les Français, soit chassé du fort Saint-Louis, un poste de commerce sur la rivière Illinois, dans leur territoire. À la suite de cette réunion, La Barre réclame des soldats. Colbert souhaite qu'il emprunte plutôt la voie diplomatique.

À la fin de décembre 1682, Cavelier de La Salle est de retour sur la rivière des Illinois. Il installe un fort sur un rocher parmi les canyons (Starved Rock, à un peu plus de cent soixante kilomètres de Chicago). Il fait valoir aux Illinois que cette palissade et ces quelques bâtiments les défendront contre leurs ennemis miamis et chaouanons. En mai 1683, alors que Cavelier en termine la construction et projette d'aller fonder un poste permanent sur le site de la future ville de Chicago, l'intendant Jacques de Meulles, en Nouvelle-France, reçoit des instructions de Louis XIV : toute expansion du territoire est désormais interdite. Sa Majesté tolère cependant que La Salle termine sa présente exploration. Désormais, les colons doivent cesser de se disperser, ils doivent bâtir sur les rives du Saint-Laurent une colonie plus forte. Dans une missive du 5 août 1683, le roi confirme au gouverneur La Barre : « Je suis persuadé comme vous que la descouverte du sieur de La Salle est fort inutile ; et il faut dans la suite empescher de pareilles entreprises qui ne vont qu'à desbaucher les habitants par l'espérance du gain et à diminuer la ferme des castors. »

Le 21 mars 1684, les Iroquois attaquent le fort Saint-Louis, mais ils sont repoussés. Une décision s'impose à La Barre, qui est conseillé par quelques marchands de fourrures : il soumettra ces Sauvages rebelles. Cent cinquante soldats réguliers français, sept cents Canadiens et quatre cents Hurons et Algonquins partent en campagne. Très fatigués, faméliques et fiévreux, ils ne sont pas dans une position avantageuse quand les Iroquois les surprennent au sud du lac Ontario. Otreouti, le chef onontagué, énumère les termes qu'exigent les Cinq-Nations pour faire la paix. Elles donneront aux Français mille peaux de castor en dédommagement des attaques contre leurs établissements. Cependant, elles refusent de fumer le calumet de paix avec les Illinois et de promettre leur protection aux traiteurs français. Les Français concluent finalement un accord qui donne aux Iroquois le droit de piller tout canot de marchandises où les traiteurs ne peuvent exhiber une licence signée de la main du gouverneur de la Nouvelle-France. S'appuyant sur cette permission, les Iroquois imposent leur contrôle sur tous les canots, quel qu'en soit le propriétaire.

Le ministre Colbert est fâché ; cet accord humilie la France et le roi. La Barre avance l'excuse que son armée n'était pas assez forte pour imposer ses conditions aux Iroquois. Il est rappelé en France.

La politique a l'humeur changeante. Rentré lui aussi en France, Cavelier de La Salle raconte ses voyages et se targue des terres qu'il a conquises au nom du roi. Il préconise même qu'en ce temps de guerre contre l'Espagne la Louisiane est indispensable à la France. Il déroule une carte géographique qu'il a dessinée. Au roi et à ses conseillers, il démontre que la Louisiane devrait être la base d'où les Français partiraient pour aller à l'assaut des galions espagnols. De là, les Français pourraient envahir la Nouvelle Biscaye (Mexique) et prendre possession des mines d'or et d'argent. Alors le Roi Soleil rayonnerait glorieusement en Amérique. Séduit par l'explorateur, Louis XIV le nomme commandant du territoire qui s'étend du fort Saint-Louis-des-Illinois jusqu'à la Nouvelle Biscaye. En avril 1684, il met à son service un détachement de cent soldats, soixante-dix hommes d'équipage, un navire de guerre de trente-six canons, une barque de soixante tonneaux, une flûte de cent quatre-vingts tonneaux et une « caiche » qui transporte les vivres et autres marchandises. Cette flottille quitte la France avec trois cent vingt personnes, soldats, colons, artisans, marchands, missionnaires, quelques femmes et des enfants.

Cavelier a aussi pris à bord trente-six engagés qui n'ont pas été comptés. Ni eau ni vivres n'ont été prévus pour eux. Les autres passagers doivent partager leurs rations. Puis la « caiche » qui transportait la nourriture est prise par les Espagnols. L'eau potable manque. Plusieurs deviennent malades. Cavelier lui-même est affecté. Heureusement, grâce aux bons soins du « sieur Juif », le chirurgien, on ne perd que deux compagnons.

Cavelier entre dans le golfe du Mexique le 15 décembre 1684. Il veut mettre le cap sur le delta du Mississippi mais il ne reconnaît pas les lieux. À sa visite précédente, lorsqu'il a noté sur sa carte la latitude de l'embouchure du Mississippi, il a commis une erreur de deux degrés. Il a donc situé le fleuve à mille trois cents kilomètres de son lit ! Le long des côtes, des bancs de sable se prolongent dans une eau peu profonde : à dix lieues de la côte, elle a deux brasses de hauteur. Ses navires, se demande Cavelier, auraient-ils été poussés hors de leur course par la force du Gulf Stream ? À Paris, des savants lui ont décrit l'extrême puissance de ce courant.

Allant vers l'ouest, les vaisseaux de Cavelier entrent dans un « tunnel », un brouillard épais qui se prolonge durant dix-neuf heures. Ils se dispersent, s'égarent. Après de l'inquiétude, des colères, des querelles, Cavelier atteint le littoral du Texas. On ne voit pas revenir le bâtiment qui s'est perdu dans le brouillard. À la recherche d'une voie navigable, Cavelier repère un chenal. Il fait descendre les sondes. L'eau est assez profonde. On s'y engage. On s'avance. Prudemment… Soudain, la quille d'un vaisseau bute contre le fond, s'accroche, se déchire. Le bateau coule, entraînant munitions et victuailles. Des marchandises flottent tout alentour. Des Sauvages accourent, viennent cueillir ces miraculeux cadeaux de leurs dieux. Cavelier donne à ses hommes l'ordre de les repousser… Ils font deux morts, des blessés. Des membres de l'équipage profitent du désordre pour déguerpir en canot. Sans doute les Sauvages viendront-ils se venger. Pour se protéger, on improvise un fort avec le bois qu'on arrache du vaisseau échoué. Le bâtiment qu'on attend n'arrivera pas. Son pilote était ivre et il a lui aussi fait naufrage. Remontant vers le nord-est, Cavelier de La Salle se console de ses malheurs en distribuant des noms français à des rivières et des lieux inconnus.

31

« L'inquiétude de notre peuple »

Colbert nomme un valeureux soldat à la tête de la Nouvelle-France. Jacques-René Brisay de Denonville a démontré son courage en Afrique du Nord, contre les pirates algériens qui infestaient la Méditerranée, et parmi les Dragons du roi, où, capitaine, colonel puis général, il guerroya contre les Hollandais.

Le gouverneur Denonville met le pied à terre au port de Québec le 1er août 1685 avec une centaine de passagers qui sont atteints des « fièvres pourprées » (petite vérole). Et le vent souffle sur la ville le « mauvais air » du bateau. Les chirurgiens multiplient les saignées ; des malades qui n'avaient aucun espoir de survivre sont, au lendemain, « gais à merveille » ! La saignée à la tempe, encore plus efficace que celle au bras, croit-on, n'empêche cependant pas la mort de dizaines de personnes.

En 1674, quelque temps avant de dissoudre la Compagnie des Indes occidentales, qui ne générait pas les profits escomptés, Louis XIV avait demandé aux actionnaires de « se relascher de la traite avec les Sauvages ». À l'avenir, les colons auraient le droit de troquer directement avec les Sauvages les fourrures d'orignal et de castor. Cependant, ils auraient l'obligation de les vendre à la compagnie, au prix qu'elle aurait fixé. Les autres fourrures seraient en vente libre. Les coureurs des bois étaient donc libérés du monopole qu'exerçait la compagnie.

Alors que la Hudson's Bay Company existe depuis douze ans, Colbert autorise en 1682 l'établissement de la Compagnie de la Baie du Nord ; il s'abstient toutefois de recommander son statut pour la sanction royale parce qu'il ne veut pas, en cette période pacifique, incommoder l'Angleterre.

Le gouverneur Denonville, à Québec, fier combattant, est-il mal informé des subtiles dispositions de la métropole ? Est-il plutôt très intéressé par les revenus de la traite des fourrures ? Il demande à la Compagnie de la Baie du Nord d'aller remplacer par des comptoirs français les forts que la Hudson's Bay Company a construits autour de la baie James. La Compagnie de la Baie du Nord affrète dès lors une flottille qui transportera soixante-dix Canadiens, des voyageurs expérimentés, et trente soldats des troupes de la Marine.

Dans les rapides de la rivière des Outaouais, les canots d'écorce, percés par des branches tombées, s'immergent. Les passagers qui ne savent pas nager s'agrippent à ce qui peut flotter. Maintenant, il faut contourner des chutes : on s'attelle pour un portage. Dans la chaleur et l'humidité écrasantes, les moustiques s'acharnent sur les marcheurs. Les broussailles écorchent les jambes ; sur les cailloux qui roulent, les chevilles se tordent. Il y a des malades et des blessés à transporter. Devant, il y a d'autres rivières, d'autres chutes, d'autres lacs. On s'égare. On maugrée. Certains veulent faire demi-tour, d'autres réclament un nouveau capitaine. « Je fis attacher un Canadien à un arbre pour le punir », rapportera le capitaine Pierre de Troyes. Douze semaines plus tard, ces hommes à la tête hirsute, à l'estomac vide, dépenaillés, émaciés, surgissent devant le fort Moose (Moose Factory), dans l'île Hayes, au sud de la baie James.

Ils ne savent pas que les Anglais, en face d'eux, derrière la palissade, ne sont plus des ennemis mais presque des amis. En effet, l'Angleterre et la France semblent encore, en 1686, souhaiter maintenir une certaine paix. Comme il doit y avoir de quoi manger dans le fort, ils se lancent à l'assaut. La porte n'est pas fermée. Sans doute un piège. Intrépide de cette belle inconscience qui s'appelle jeunesse, Pierre Le Moyne d'Iberville s'engage seul dans l'embrasure et il apparaît dans l'enceinte le pistolet dans une main, l'épée dans l'autre. L'un des soldats anglais repousse la porte. Dix-sept Anglais pointent leurs mousquets vers lui. Dans le silence, il entend son propre halètement. Soudain, des coups ébranlent la porte. Ses compagnons s'amènent à sa rescousse ! Les Anglais se rendent.

D'autres postes anglais et d'autres entrepôts échelonnés à environ cent cinquante kilomètres l'un de l'autre, au sud de la baie James, se rendent l'un après l'autre au parti d'Iberville, qui les rebaptise. Le fort Rupert devient le fort Saint-Jacques ; le fort Moose devient le fort Saint-Louis ; le fort Albany, tabassé de cent quarante volées de canons, devient le fort Sainte-Anne. Les Français s'y installent, renforcés par un groupe de Canadiens aguerris qui ont l'expérience des Sauvages, de la traite, de la nature et de l'hiver.

À la recherche d'appuis pour ses projets, d'Iberville ira en France faire valoir l'importance qu'ont la baie James et la baie d'Hudson. Peu après avoir quitté le fort Sainte-Anne, il aperçoit à la proue deux vaisseaux anglais. Ils ne manifestent aucun signe d'agressivité. D'Iberville devrait-il donner l'assaut ? Tout demeure calme chez les Anglais qui, cependant, bloquent le passage, empêchant les Français de pénétrer dans la rivière Albany. D'Iberville ne peut plus bouger. Et les Anglais restent immobiles. L'hiver s'impose tôt, au nord. Bientôt, les deux vaisseaux anglais et celui de Pierre d'Iberville sont piégés dans les glaces. Ni les Anglais ni les Français n'ont les provisions nécessaires pour hiverner à cet endroit. Par chance, le gibier est abondant aux alentours. Les Canadiens vont chasser, mais d'Iberville ne laisse pas les Anglais descendre de leurs vaisseaux. Le scorbut s'insinue chez eux. D'Iberville a prévu cela : l'implacable maladie sera son alliée. Il lui laisse le temps de s'imposer, puis, se montrant généreux, il fait savoir aux Anglais qu'il permettra à leur chirurgien de débarquer et d'aller chasser. Tout reconnaissant, le chirurgien descend l'échelle, marche sur la glace, nerveux, conscient de sa responsabilité – il doit ramener de la viande pour l'équipage entier. Les Français l'encerclent. Les Anglais n'auront plus de chirurgien. Au moins deux douzaines d'entre eux sont victimes du scorbut ou du froid. D'Iberville est fier : ses seize Canadiens ont résisté à quatre-vingt-cinq Anglais. Le printemps venu, d'Iberville rentre à Québec. Dans la cale de son vaisseau, les fourrures qu'il rapporte sont la preuve fastueuse que le gouverneur Denonville a eu raison d'ordonner cette expédition.

Cet accès nouveau au marché de la fourrure suscite cependant « l'inquiétude de notre peuple », constate Denonville. D'une part, « les jeunes gens du Canada sont si mal élevés que, dès le moment qu'ils peuvent porter un fusil, leur père n'ose plus rien leur dire. Comme ils ne sont pas accoutumés au travail et qu'ils sont pauvres, ils n'ont d'autres ressources pour vivre que de courir le bois où ils font une infinité de désordres. » D'autre part, il reproche aux Canadiens d'avoir « un penchant extrême de se tourner du côté de l'Anglais qui l'attire tout autant qu'il peut ».

Les prêtres aussi s'inquiètent. Ils craignent la désertion de leurs paroisses et appréhendent une pénurie de bras pour les travaux de colonisation. Selon eux, les coureurs des bois pratiquent un « mestier de bandits » qui leur fait oublier qu'ils sont catholiques. Non seulement ils apprennent les manières sauvages de vivre, mais ils profitent de l'absence de principes moraux chez les Sauvagesses.

Dans la colonie, il y a une femme pour sept hommes, alors que le long des cours d'eau lointains les coureurs des bois s'acoquinent avec des Sauvagesses qui portent les bagages, cuisent les viandes, trouvent des herbes et des racines comestibles, leur enseignent les langues indigènes. Et ils leur font des enfants « comme s'ils étaient mariés ». Après tous les sacrifices que les missionnaires ont faits pour convertir les Sauvages, voici que les Français, dans les bois, deviennent Sauvages et se conduisent à la façon des païens !

Connaissant désormais mieux le pays, Denonville est persuadé que la façon la plus efficace d'affecter le commerce des Anglais est d'attaquer les Iroquois. Ayant écouté les récits de leurs campagnes que lui ont fait les Canadiens, il demande à ses soldats d'adopter les tactiques des Sauvages : attaques surprises, encerclements.

Avant de partir à la chasse aux Tsonnontouans, l'une des cinq nations de la confédération des peuples iroquois, Denonville fait construire deux cents bateaux plats, il recrute huit cents miliciens chez les colons en dépit de leurs plaintes qu'encore une fois ils ne pourront travailler leurs terres ni récolter à l'automne. Il leur adjoint huit cents soldats de l'armée régulière et deux cents Sauvages alliés. Le gouverneur a déjà invité, durant l'hiver, les Miamis, les Illinois et les Outaouais à venir partager le butin qui sera pris aux ennemis.

Le 13 juin 1687, la troupe remonte le Saint-Laurent vers le fort Cataracoui (Kingston, Ontario). Comment empêcher les frères iroquois d'informer les Tsonnontouans de l'approche des Français, eux qui habitent sur la rive sud du lac Ontario, au carrefour des routes de la traite ? Denonville les invite au fort pour un festin. À leur entrée dans l'enceinte, ses invités sont assaillis, attachés par le cou à un pieu, les mains liées par une ligne à pêcher, un pied entravé. Ils n'oublieront pas l'hospitalité française.

Le 13 juillet 1687, les Français, les Canadiens et leurs alliés surprennent les Tsonnontouans et engagent la bataille. Au moins trente Tsonnontouans sont tués. Le soir, les hommes de Denonville célèbrent la victoire, s'empiffrent de cochon frais et se plaindront, au matin, d'avoir le « flux »… Dans les chaudrons des Sauvages alliés bout la chair de quelques ennemis dépecés. Les jours suivants, on ravage tout ce qui appartient aux Tsonnontouans : maisons, champs de maïs, animaux. On pille les réserves de nourriture cachées dans des fosses couvertes de billes de bois et de feuillages, on ravage les entrepôts de fourrures. Des prisonniers tsonnontouans tentent de s'enfuir. On rattrape un vieillard qui courait un peu plus lentement que les autres. Le missionnaire lui administre le baptême, et maintenant assurés que le vieillard ira au ciel, les Français permettent à un Sauvage allié de lui fracasser chrétiennement le crâne d'un coup de tomahawk. Le soldat Denonville rayonne : lorsqu'ils apprendront le sort que son détachement a réservé aux ennemis des Français, les Sauvages courtisés par les Anglais et les Hollandais hésiteront à changer de camp.

À quelques kilomètres des villages tsonnontouans, sur la bande de terre qui sépare les lacs Ontario et Érié, à Niagara, les Français entreprennent de défricher l'emplacement d'un nouveau fort. Ils préparent deux mille pieux hauts de presque cinq mètres pour bâtir la palissade et creusent des fossés. Il y a quelques années de cela, Cavelier de La Salle construisait un fort à ce même endroit.

Denonville est triomphant. Il a pris une quarantaine de Tsonnontouans qu'il destine au « service du Roy » sur ces galères ornées de sculptures majestueuses où Louis XIV, représenté sous les traits d'Apollon, est entouré de Cybèle, la déesse de la fertilité, de Jupiter, le dieu de la foudre, et de Neptune, le dieu de la mer. Colbert, avec une générosité sans pareille, promet au gouverneur que ces prisonniers seront traités « de même que les nègres du Senegal ». Que pourraient désirer de plus ces Tsonnontouans ?

Dans le rapport qu'en 1689 Hector de Callière, son lieutenant, présente à Versailles sur la situation de la colonie, Denonville insiste : espérer que l'ennemi ne se montrera pas n'est pas une défense. La France doit empêcher les Anglais de conquérir le Nouveau Monde. Que le roi de France s'empare des colonies anglaises ! Il deviendra ainsi le « seul maître de l'Amérique septentrionale » ! Colbert encourage l'énergique Denonville à faire la guerre aux Sauvages et aux Anglais qui les arment, mais en même temps il lui recommande de ne pas offenser les Anglais, dont il craint les représailles...

Quand, en 1689, Denonville négocie la paix avec les Iroquois, il lui vient à l'idée que le rapatriement des galériens tsonnontouans adoucirait les pourparlers. Il recommande à Colbert de se montrer généreux en indemnisant les galériens pour leur labeur : « Quelques rubans et galons leur feront plaisir », assure-t-il.

Guillaume d'Orange et sa femme, Marie Stuart, l'héritière légitime du Trône d'Angleterre, acquiescent au précepte que proclame la Charte des droits (*Bill of Rights*) : les droits inaliénables des citoyens anglais confèrent au Parlement qui les représente la suprématie sur le pouvoir royal. Donc, à partir de 1689, Marie II et Guillaume III régneront sous le principe que leur royauté est constitutionnelle.

Face à Louis XIV, le roi très catholique qui croit tenir son pouvoir de droit divin ; qui héberge dans son château de Saint-Germain-en-Laye Jacques II, le roi d'Angleterre déchu pour sa conversion au catholicisme ; qui a accueilli des officiers anglais catholiques déserteurs de l'Angleterre et les a intégrés dans une compagnie de gendarmes ; qui a poussé la mansuétude jusqu'à offrir à Jacques II le trône de Pologne ; qui, ayant révoqué en 1685 l'édit de Nantes, a supprimé tous les droits accordés aux protestants par son prédécesseur Henri IV ; face à ce roi qui, en 1686, a massacré, emprisonné, envoyé aux galères plusieurs milliers de « Vaudois hérétiques », qui a confisqué leurs biens, qui a enlevé les enfants à leurs parents pour les placer dans des familles catholiques ; qui a chassé de France plus de deux cent mille huguenots ; qui a favorisé les conversions forcées au catholicisme, Marie II et Guillaume III, les monarques d'Angleterre, d'Écosse et d'Irlande, résisteront à son ambition d'étendre l'hégémonie de la France et se feront les champions du protestantisme.

La Ligue d'Augsbourg, qui réunit l'Angleterre, l'Espagne, la Hollande, la Suède et certaines principautés allemandes, déclare la guerre à la France le 17 mai 1689. L'écho de cette nouvelle atteint New York avant Québec. Aussitôt, le conseil de la colonie de New York demande au maire d'Orange (Albany) d'engager les Cinq-Nations iroquoises à lever la hache de guerre contre les Français, « leurs ennemis et les nôtres ». Le maire n'a pas de mal à convaincre les Iroquois, ulcérés par le fait que les Français, il y a deux ans, ont capturé trois douzaines de leurs frères tson-nontouans et les ont exilés en France. Ils ignorent encore que ces guerriers tsonnontouans sont devenus des galériens enchaînés à leur banc, sous le fouet des gardes-chiourmes.

Au Canada, dans la nuit du 4 au 5 août 1689, des pluies violentes fouettent les quelque soixante-dix-sept maisons du village de Lachine (au sud-ouest de Ville-Marie). Les bourrasques ébranlent les petites maisons de planches. Les éclairs cinglent. Le tonnerre gronde. Dieu fait une colère terrible. Soudain, les fenêtres éclatent, les portes sont défoncées, des diables apparaissent. Ils sont mille cinq cents guerriers iroquois…

Les maisons et les étables sont mises à feu. Deux cents villageois ont la tête broyée à coups de tomahawk. Des femmes enceintes ont le ventre ouvert et les bébés les plus charnus sont débités en morceaux, bouillis et dévorés. Plus de cent vingt hommes, femmes et enfants sont faits prisonniers. Trente-six maisons sont incendiées. Exact ou exagéré, le récit de ces horreurs est répété de village en village. Chaque soir, dans leurs lits, les adultes comme les enfants, avant de s'endormir, pensent que cette nuit peut-être leurs ennemis viendront. Et quand ils sont enfin endormis, leurs ennemis apparaissent dans leurs cauchemars.

Louis XIV a besoin d'un gouverneur énergique pour mener au Nouveau Monde sa guerre contre les colonies anglaises et leurs alliés sauvages. Il y a quelques années, irrité par ses déso-béissances et ses chicanes, il avait rappelé de la Nouvelle-France le gouverneur Louis de Frontenac. Louis XIV a maintenant oublié son insatisfaction. Le 15 mai 1689, dans ses *Instructions pour le sieur Comte de Frontenac gouverneur et lieutenant général pour le Roy dans les pays de la domination de Sa Majesté en l'Amérique Septentrionale*, il se dit persuadé que le colonel Frontenac le servira avec « la même application, le même zèle et le même succès que dans le passé ».

Afin de protéger les habitants de la violente menace des Iroquois, Louis-Hector de Callière, le gouverneur de Ville-Marie, a fait entourer la ville d'une palissade de pieux de cèdre. Dans les seigneuries sur son territoire, il a fait construire des forts où les habitants peuvent trouver refuge. Au début de 1689, il a conçu un plan ambitieux pour soumettre les Iroquois : les Français s'empareront de Manate (New York) et en déporteront les habitants, qui sont moins de cinq mille. De cette façon, leurs sources d'approvisionnement en armes et en munitions seront supprimées aux Iroquois, qui seront forcés de reprendre la traite avec les Français. La France gagnera la maîtrise des ports sur l'Atlantique, et les flottes de pêche ou de transport en seront sécurisées. Enfin, la France conquerra une nouvelle province où les terres sont fertiles.

Bien qu'informé des difficultés d'assurer en ces vastes et sauvages territoires la communication et la convergence entre les forces de terre et de mer, Louis XIV, dans son *Mémoire pour servir d'instructions à monsieur le comte de Frontenac sur l'entreprise de la Nouvelle-York*, approuve le projet de Callière. Il lui promet même de le faire gouverneur de la future province française de Manate. Les instructions royales concernant cette opération sont remises le 7 juin 1689 à Frontenac, avant qu'il quitte le port.

Le gouverneur sera le commandant de mille six cents soldats réguliers et miliciens. Après s'être d'abord emparée d'Orange (Albany), cette armée de terre continuera sur Manate, qu'elle attaquera pendant que des frégates investiront le port et bombarderont la ville. Louis XIV prend même la précaution de donner à Frontenac un adjoint, Mathieu Gaillard, chargé d'inventorier les biens qui seront saisis aux assiégés. Christophe Ripault de La Caffinière sera le commandant des deux frégates, l'*Embuscade* et le *Fourgon*. Une fois les « suspects » (les habitants) déportés, le peuplement de Manate sera confié aux troupiers et aux habitants du Canada.

À La Rochelle, on ne peut éviter les retards habituels avant d'entreprendre la traversée de l'Atlantique. La flotte de La Caffinière n'arrive pas avant le 12 septembre 1689, cinquante-deux jours après son départ, au fort de Chedabouctou en Acadie. Frontenac ne parvient à Québec que le 12 octobre, après huit semaines en mer. C'est presque déjà l'hiver. Il est trop tard dans la saison automnale pour lancer une campagne, pour entreprendre de recruter plus de mille miliciens dispersés sur les terres, recueillir provisions et munitions, trouver les charrettes et les bêtes pour les convois de transport… Et au lendemain du massacre de Lachine, les colons n'ont pas envie d'abandonner leur famille pour aller se battre au loin. Frontenac, le fougueux gouverneur condamné à l'inaction, sollicite auprès du secrétaire d'État à la Marine, son parent, la faveur d'un poste ailleurs que dans cette colonie où il craint de dépérir.

Des trente-six Tsonnontouans que son prédécesseur Denonville avait envoyés « au service du Roy » sur les galères, treize ont survécu. Frontenac les a ramenés sur sa flottille. Le gouverneur retourne les galériens dans leurs villages, accompagnés d'émissaires pour palabrer de la paix toute proche. N'est-ce pas donner une preuve de la bonne volonté des Français ?

Apprenant que plusieurs de leurs frères tsonnontouans sont morts esclaves du roi de France, les Iroquois non seulement torturent les émissaires, mais ils déchaînent leur fureur contre les établissements des Français et les tribus qui leur sont alliées. Le 12 novembre, ils attaquent le village de Saint-François-du-Lac, incendient les maisons, la chapelle, assassinent les habitants. Le lendemain, cent cinquante Iroquois surgissent à Lachenaie, au bout de l'île de Montréal, et à l'île Jésus, mettent le feu aux maisons et aux granges, s'emparent des animaux, les massacrent, puis tuent des habitants. Les Iroquois sont armés de mousquets anglais, de poudre anglaise, de plomb anglais, de hachettes anglaises. Les couteaux avec lesquels ils scalpent leurs victimes sont des couteaux anglais. Ces armes sont fournies par les administrateurs d'Orange (Albany).

Les miliciens canadiens, qui, sur l'ordre de Frontenac, sont venus se joindre aux mille quatre cents soldats des troupes régulières, recommandent au gouverneur d'entreprendre une expédition contre Manate et Orange, où les Anglais sont particulièrement insidieux. D'abord, ils attirent les Sauvages en offrant pour leurs fourrures un prix bien supérieur à celui des Français. Ensuite, ils les prémunissent contre les Français qui, disent-ils, essaient d'obtenir leurs fourrures à rabais et se préparent à envahir leurs territoires. En effet, des Canadiens ont appris que le 12 mai le conseil de la colonie de New York a voté la distribution d'un baril de poudre à chacune des Cinq-Nations iroquoises. Ils savent aussi que les Anglais d'Orange avaient invité les chefs iroquois à un conseil, peu de temps avant le massacre de Lachine. Le maire de Manate et des membres du conseil de la colonie ont même incité les chefs à se venger des Français qui ont emprisonné des Iroquois en France. « Il faut détruire Orange et Manate ! » conseillent les Canadiens.

Comptant sur la constance des Acadiens et de leurs alliés, les fervents Abénaquis, qui harcèlent les fermes isolées à la frontière de la Nouvelle-Angleterre, Frontenac divise ses forces en trois partis de guerre qui partiront de Ville-Marie, des Trois Rivières et de Québec. Le détachement de Ville-Marie comprend cent quatorze miliciens canadiens, quatre-vingts Iroquois du sault Saint-Louis et seize Algonquins. Convertis au catholicisme, les Iroquois du sault ont été terrorisés quelques mois plus tôt par des Iroquois non convertis. Ce premier détachement se met en branle au début de février 1690. Objectif : le fort Orange. Devant eux, ils ont un long chemin. Trois cent vingt kilomètres dans une forêt où il semble que personne n'a passé depuis la création du monde. Les hommes marchent pendant vingt-deux jours.

La bise, dans les découverts, égratigne les joues. Le froid brûle les oreilles et les doigts. L'haleine se change en glace dans les barbes. Les jambes s'enlisent dans une neige épaisse, s'empêtrent dans les arbustes dissimulés sous la neige. Les pieds gèlent dans les chaussures mouillées. Comment raconter la progression prudente sur la glace incertaine des rivières et des lacs, la nourriture gelée où les dents ne peuvent mordre et qui se colle aux lèvres ? Comment décrire l'effort de tirer ou de retenir, au flanc des collines ou des montagnes, les lourdes traînes chargées de bagages encombrants comme les couvertures, les peaux d'ours ou les provisions ? Comment dépeindre la crainte d'une attaque sous le ciel de février ? Et tout cela en portant sur l'épaule un sac et un pesant mousquet. Et tout cela en sachant, après avoir entendu les Iroquois domiciliés qui connaissent les lieux le leur dire, que leur détachement n'a pas la force suffisante pour assaillir le fort Orange. Le chef iroquois demande, un soir : « Les Français sont-ils si désespérés qu'ils se lancent dans une tâche impossible ? »

Quelques jours plus tard, tout à coup, le soleil se fait resplendissant. Le détachement de Ville-Marie attaquera plutôt Corlaer (Schenectady).

Samedi est jour de sabbat pour ces colons puritains. Schenectady compte environ quatre-vingts maisons habitées par moins de quatre cents personnes, la plupart des Hollandais. Le 18 février, vers onze heures le soir, les Canadiens arrivent sans avoir été aperçus devant une palissade de pieux haute de trois mètres. Il neige. Les deux portes de la palissade ne sont pas fermées ! Aucune sentinelle ne monte la garde. Tout semble dormir.

Les Canadiens et leurs Sauvages s'immiscent dans le fort. En silence, ils se répartissent devant les portes. Soudain un cri hideux ! La porte de chaque maison est enfoncée. Les attaquants tuent ceux qui dorment, ceux qui se réveillent dans ce cauchemar, ceux qui, debout, tentent de se défendre. Ils tuent hommes, femmes, même enceintes, et enfants. Ils empilent à l'extérieur le butin qu'ils ont choisi avant de mettre le feu aux maisons. Les vingt-quatre soldats de la garnison ont été massacrés. Les survivants appelleront cette nuit la *Noche triste* (Nuit triste).

Quelques colons ont échappé à la « cruauté des Français et de leurs Indiens ». Malgré la blessure d'une balle qui lui a déchiré une jambe, Symon Jacobsen Schermerhoorne atteint le fort Orange et donne l'alarme à cinq heures du matin : leurs ennemis « ont assassiné les Gens de Schenectedy ». Tous les hommes en état de porter les armes sont appelés. Le capitaine John Bull jure d'utiliser « tous les moyens possibles » pour libérer les prisonniers et anéantir ces Canadiens et leurs Indiens.

Sous la neige qui a recommencé à tomber, les Canadiens et leurs alliés iroquois et algonquins entreprennent le voyage de retour. La quarantaine de chevaux qu'ils ont dérobés aux ennemis transportent les blessés, les malades et le butin. Certaines bêtes, attelées à leur lourde charge, se sont blessées, il faut les abattre. D'autres sont mises à mort parce qu'on ne peut les nourrir. Le capitaine John Bull et sa troupe rattrapent les attaquants, tuent dix-sept Canadiens et quatre Iroquois. Les survivants reviennent à Montréal avec vingt-sept prisonniers (dont cinq Noirs, précise le rapport du commandant) et quinze chevaux.

Le deuxième détachement de Frontenac est constitué de de vingt-cinq miliciens canadiens et vingt-cinq Abénaquis de la mission de Saint-François. Ils quittent les Trois Rivières le 28 janvier 1690. Objectif : Salmon Falls (près de Portsmouth, New Hampshire). Après une marche esquintante dans les forêts et les montagnes, sous le froid aigu, ils aperçoivent enfin, le 27 mars, les palissades de trois petits forts. Les hommes se divisent, attaquent les trois forts. Une trentaine de colons anglais sont tués. Une cinquantaine sont faits prisonniers. Les maisons sont pillées, des bêtes sont abattues. Ensuite, on allume le feu à tout ce qui peut brûler. Ce massacre, d'après Cotton Mather, un ministre du culte puritain, a été perpétré par « des Français à moitié indianisés et des Indiens à moitié francisés ». Les Canadiens et les Abénaquis s'engagent sur la voie du retour avec les objets volés et les bêtes maraudées. Une petite troupe de soldats et de volontaires anglais les poursuivent. Canadiens et Abénaquis s'embusquent pour les attendre et en abattent une vingtaine.

Cette même journée du 28 janvier 1690, les cinquante Canadiens et soixante Abénaquis du troisième détachement de Frontenac quittent Québec pour se mêler au détachement des Trois Rivières après l'attaque de Salmon Falls. Le prochain objectif est de détruire le fort Loyal à Falmouth (Portland, Maine).

Canadiens et Abénaquis sévissent le long de la baie de Casco (cent soixante kilomètres au nord de Boston), saccageant les villages et détruisant les fermes isolées. Des colons anglais réussissent à prévenir la garnison du fort Loyal. Le 20 mai, près de cinq cents Canadiens et Abénaquis apparaissent devant ce fort. Portneuf, le commandant canadien, somme les Anglais de se rendre, mais il essuie une rebuffade de la part du capitaine Silvanus Davis. Les assiégeants, qui ont trouvé des pics, des pioches et des pelles dans quatre fortins abandonnés, entreprennent de creuser une tranchée qui bientôt encercle le fort. Le capitaine Davis souhaiterait maintenant parlementer. Il a besoin, dit-il, de six jours pour réfléchir. Afin de l'aider à prendre une décision, Portneuf fait répandre du goudron dans la tranchée. Quand au matin Davis voit les Canadiens mettre le feu au goudron, il fait hisser le pavillon blanc. Les soixante-dix soldats de la garnison sortent, avec armes, drapeaux et musique. Canadiens et Abénaquis cueillent butin, provisions, armes et munitions, puis font sauter le fort Loyal et, dans une célébration fanatique, ils répandent l'incendie deux lieues à la ronde.

Onze colons anglais ont été tués. Deux ans plus tard, William Phips, en route pour construire un fort à Pemaquid, trouvera sur le site du fort détruit leurs os blanchis. Il y a eu un grand nombre de blessés dans la garnison. Quelques-uns ont été remis aux Abénaquis en guise de trophées pour être sacrifiés durant leurs rituels de la victoire. Le capitaine Davis et les deux filles d'un lieutenant tué au fort Loyal font partie des prisonniers que le capitaine Portneuf ramène à Québec.

Après ces trois assauts des « Français du Canida et de leurs Indiens qui Prient », Cotton Mather, l'influent pasteur puritain à Boston, incite les colonies anglaises à se regrouper pour attaquer par terre et par mer le Canada, « principale source des misères de la Nouvelle-Angleterre ». La seule force des « Français du Canida », estime-t-il, est celle des Indiens qu'ils prennent avec eux dans leurs attaques.

Jacob Leisler, le gouverneur de New York, réunit les colonies anglaises jusqu'ici divisées et jalouses de leurs prérogatives individuelles. Pour la première fois dans l'histoire de l'Amérique anglaise s'ouvre, le 1er mai 1690, un congrès où sont présentes presque toutes les colonies (seules la Pennsylvanie et la Virginie sont absentes, et la délégation du Maryland arrive en retard). Elles s'accordent sur le principe de Cotton Mather : le « Canida » doit être conquis !

Les colonies anglaises s'entendent aussi sur une stratégie : un corps constitué de miliciens des colonies et d'Iroquois iront, par voie de terre, s'emparer de Ville-Marie pendant qu'un autre détachement ira prendre Québec par l'Atlantique et le fleuve Saint-Laurent. Ces colonies, qui ont plus l'habitude de la dispute que de la concertation, recrutent des miliciens, rassemblent des navires, des armes, des munitions.

De son côté, le gouverneur Frontenac a convié à un grand conseil les Outaouais, les Algonquins et les Hurons. À Ville-Marie, en août 1690, il exprime l'affection profonde qu'a pour « ses enfants » le grand Roi Soleil qui leur donne des colliers et de l'eau-de-vie. Frontenac les exhorte à combattre les Iroquois, ennemis des Hurons, des Outaouais, des Algonquins et de la France, parce qu'ils sont les alliés des Anglais. Et que veulent les Anglais ? Ils veulent s'emparer du territoire des Outaouais, des Hurons et des Algonquins…

Quelques jours plus tard, de retour du lac Champlain, des éclaireurs annoncent que les Anglais s'en viennent ! Frontenac fait tonner les canons de Ville-Marie pour rappeler les soldats qu'il a dispersés sur les fermes afin de protéger des Iroquois les habitants occupés à faucher le foin ou le blé. Le 1er septembre 1690, une petite armée se poste à La Prairie, sur la rivière Saint-Jacques, au sud du Saint-Laurent, pour intercepter les Anglais. Ils apparaissent le 4 septembre, tuent une douzaine d'habitants à leurs récoltes, prennent quelques prisonniers et redescendent au lac Champlain. On attend leur retour.

TABLE DES MATIÈRES

Avant de raconter 9

1 La France éblouie par le Brésil 13

2 La croix de Jacques Cartier 19

3 Dieu est-Il descendu sur Terre ? 23

4 Neige, miracle, croix et pépites d'or 29

5 Le Canada est une terre espagnole 35

6 Diamants et menaces 41

7 Qui veut écouter les histoires de Jacques Cartier ? 45

8 Chez « les chiennes d'Indiennes » 49

9 Élisabeth Ire d'Angleterre tient dans sa main
le globe terrestre 53

10 Pour ne pas voir cela, Dieu doit s'être cloîtré
dans un iglou au Canada 59

11 Une maison pour l'hiver à Tadoussac 65

12 Une habitation à Québec 75

13 Un « florissant empire pour la France » 77

14 Parcourant le pays comme on lit un livre 81

15 « Un singulier plaisir en cette chasse » 87

16 Une bande de Français résolus 91

17 Les Anglais viennent à Québec 97

18 Les Anglais reviennent à Québec 101

19 « Cabecke est anglaise » 105

20 Est-ce la paix, est-ce la guerre ? 109

21 Le brave et le traître 115

22 Deux lieutenants généraux pour l'Acadie 119

23 Charles de La Tour sera-t-il sauvé par sa femme ? 125

24 Faudra-t-il se faire puritain ? 129

25 Amour et autres bénéfices 135

26 « Un royaume plus grand et plus beau
que celui de la France » 141

27 Des soldats à rubans contre les « barbares » 149

28 « Les vrais et absolus seigneurs et propriétaires » 155

29 « Ce qui se fait là peut se faire ici » 159

30 La mer n'est plus qu'à dix jours 169

31 « L'inquiétude de notre peuple » 177

32 Trois détachements contre les Anglais 183

DU MÊME AUTEUR

BIOGRAPHIE

Le Rocket, biographie, Stanké, 2000 ; collection « 10/10 », 2009.

CONTES ET NOUVELLES

Jolis deuils, Éditions du Jour, 1964 ; Stanké, 1999 ; collection « 10/10 », 2008.

Les Enfants du bonhomme dans la lune, Stanké, 1979 ; collection « 10/10 », 2007.

Les Voyageurs de l'arc-en-ciel, Stanké, 1980.

Ne faites pas mal à l'avenir, Éditions Paulines, 1984.

Le Chandail de hockey, Livres Toundra, 1984.

La Fleur et autres personnages, Éditions Paulines, 1985.

Prières d'un enfant très très sage, Stanké, 1988.

Enfants de la planète, Éditions Paulines, 1989.

L'Eau de Polgok-sa, Éditions Paulines, 1990.

Le Canot dans les nuages, Éditions Paulines, 1991.

Un champion, Livres Toundra, 1991.

Canada, je t'aime, Livres Toundra, 1991.

Une bonne et heureuse année, Livres Toundra, 1991.

Le Martien de Noël, Québec/Amérique, 1991.

Le Plus Long Circuit, illustré par Sheldon Cohen, Livres Toundra, 1993.

Le Joueur de basket-ball, illustré par Sheldon Cohen, Livres Toundra, 1996.

Prières d'un adolescent très très sage, Stanké, 1998.

Le Petit Bonhomme rond qui avait des plumes à son chapeau melon, Éditions du lilas, 2001.

La Chasse-galerie, Livres Toundra, 2004.

Quatre petits contes de Noël, Éditions du lilas, 2005.

Roch Carrier raconte, Éditions Soleil, 2007.

POÉSIE

Les Jeux incompris, Les Éditions Nocturnes, 1956.

Cherche tes mots, cherche tes pas, Les Éditions Nocturnes, 1958.

ROMANS

La guerre, yes sir !, Éditions du Jour, 1968 ; Art Global, 1975 ;
  Stanké, 1998 ; collection « 10/10 », 2008.

Floralie, où es-tu ?, Éditions du Jour, 1969 ; Stanké, 1981 ; collection « 10/10 », 2008.

Il est par là, le soleil, Éditions du Jour, 1970 ; Stanké, 1981 ; collection « 10/10 », 2009.

Le Deux-millième Étage, Éditions du Jour, 1973.

Le Jardin des délices, Éditions de La Presse, 1975.

Il n'y a pas de pays sans grand-père, Stanké, 1977 ; collection « 10/10 »,
  2009.

Les fleurs vivent-elles ailleurs que sur la terre ?, Stanké, 1980.

La Dame qui avait des chaînes aux chevilles, Stanké, 1981.

De l'amour dans la ferraille, Stanké, 1984.

L'Ours et le Kangourou, Stanké, 1986.

Un chameau en Jordanie, Stanké, 1988.

L'Homme dans le placard, Stanké, 1991.

Fin, Stanké, 1992.

Petit Homme Tornade, Stanké, 1996.

Presque tout Roch Carrier, Stanké, 1996.

Une chaise, Stanké, 1999.

Les Moines dans la tour, Éditions XYZ, 2004.

Mon grand-papa a dit, Éditions du lilas, 2008.

THÉÂTRE

La guerre, yes sir !, Éditions du Jour, 1970.

Floralie, Éditions du Jour, 1973.

La Céleste bicyclette, Stanké, 1980 ; collection « 10/10 », 2008.

Le Cirque noir, Stanké, 1982.

ALBUMS PHOTOGRAPHIQUES

Québec, à l'été 1950, Libre Expression, 1982.

Canada, Libre Expression en collaboration avec Art Global, 1986.

Suivez les Éditions Libre Expression sur le Web :
www.edlibreexpression.com

Cet ouvrage a été composé en Cochin LT Std 12,25/14,7
et achevé d'imprimer en janvier 2013 sur les presses de
Marquis imprimeur, Québec, Canada